Mes premiers cours d'économie politique

Mamady Fatoumata KEITA

Mes premiers cours d'économie politique

Préface du Dr Ousmane KABA

L'Harmattan
Guinée

Du même auteur, chez l'Harmattan

Leçon de vie, 2021

5-7, rue de l'École-Polytechnique, 75005 Paris
http://www.editions-harmattan.fr
ISBN : 978-2-336-55938-4
EAN : 9782336559384

À mes deux enfants Aissata et Ansoumane

PRÉFACE

Ce livre d'initiation économique pour les lycéens guinéens est la bienvenue. En effet la connaissance des notions économiques de base est devenue une exigence fondamentale de la citoyenneté. Omniprésente dans les débats de société dont elle constitue l'une des clefs de compréhension, l'analyse économique devient de ce fait un impératif majeur pour tous les citoyens. Croissance économique, Inflation, monnaie, taux de change, chômage, déficit public, déficit extérieur, sous-développement, Banque Mondiale et Fonds Monétaire International sont des termes abondamment utilisés par les médias tous les jours. L'importance de la vulgarisation scientifique économique s'impose à tous et n'est donc plus à démontrer.

Toutefois l'acquisition de la connaissance dans le désordre n'est pas efficace. C'est pourquoi l'approche pédagogique et progressive du livre *"Mes premiers cours d'économie politique"* de M. Keita Mamady F. est la bonne. Ce dernier commence par la définition et l'objet de l'économie ainsi que l'appropriation des termes et des mécanismes de base que sont les besoins, les biens et les services, la production, les agents économiques, le marché, la monnaie, l'inflation et le système bancaire. L'introduction des variables macroéconomiques essentielles que sont la consommation, l'épargne et l'investissement débouche sur la présentation des lois fondamentales de l'offre et de la demande.

Sur n'importe quel marché, la compréhension des concepts, des mécanismes de l'offre et de la demande, et du prix permet de comprendre la plupart des problèmes économiques. Comme le dit Paul A. Samuelson, l'un des gourous de la vulgarisation des connaissances économiques, dans son livre bestseller l'économique « quelques concepts de base sous-tendent toute l'économie. Une fois que ces concepts fondamentaux sont maîtrisés, l'apprentissage devient plus rapide et agréable ».

L'État est un agent économique particulier qui a une place centrale à cause de sa production des biens et services publics, dont les infrastructures indispensables à l'activité économique des agents privés. Il est introduit dans ce cours par son budget c'est-à-dire ses recettes, ses dépenses et éventuellement son déficit et son financement. Ce tour d'horizon est bouclé par l'introduction de la notion de croissance, de sous-développement ainsi que les institutions multilatérales de financement et de commerce. Depuis la période des politiques d'ajustement structurel dans les années 80, ces dernières sont si présentes aussi bien dans l'élaboration que dans la mise en œuvre et le financement des politiques économiques dans les pays africains comme la Guinée

Dr Ousmane KABA
Docteur d'État ès sciences économique
Fondateur de l'Université Kofi Annan de Guinée.

Introduction

La science économique, tout comme les autres sciences sociales (la sociologie et la science politique…) étudie le comportement des humains dans la société. Bien qu'ayant des objets d'étude différents, elles utilisent des méthodes souvent similaires.

La sociologie étudie la façon dont les êtres humains forment leur société, la science politique étudie comment le pouvoir s'organise dans la société humaine, et l'économie, quant à elle, étudie comment les hommes satisfont leurs besoins à partir de ressources limitées, comment luttent-ils contre la rareté des biens ? Comment distribuent-ils leurs ressources ?

La science économique étudie le comportement humain en tant que relation entre les objectifs et les moyens rares à usages alternatifs.

Ce manuel, "*Mes premiers cours d'économie politique*" est destiné principalement aux élèves, aux enseignants des lycées, en suite aux étudiants de première année pour leur cours d'économie générale et à toute autre personne désirant apprendre les bases de l'économie politique.

Il est conçu conformément au programme national d'économie dans les classes du lycée en Guinée.

La première partie de ce manuel concerne le programme de la 11e année. Il comprend VII chapitres dont les objectifs sont de :

- Faire comprendre aux apprenants, la notion d'économie politique, son objectif et les rapports qui la lient aux autres sciences
- permettre de comprendre l'importance de la production, de familiariser les apprenants à la notion de besoins, de biens et de services.
- Connaître les différents facteurs de production.
- Savoir calculer la productivité et connaître les secteurs de production.
- Comprendre le rôle de chaque agent économique dans le fonctionnement de l'économie : les ménages, les entreprises, les administrations, les institutions financières, les sociétés d'assurance et le reste du monde.
- Comprendre la notion du marché, de la marchandise et du prix. Et de connaître également la notion de la monnaie et de l'inflation.

- Connaître l'importance du revenu et la constitution du patrimoine.
- Connaître le rôle des banques et du crédit dans le financement des activités.
- Comprendre les notions de base sur la consommation, l'épargne et l'investissement

La deuxième partie concerne le programme de la 12e année. Elle est détaillée dans cinq chapitres dont les objectifs sont de :

- Montrer aux apprenants les caractéristiques et le fonctionnement d'une économie ouverte (l'économie du marché)
- Faire comprendre le processus de formation des prix dans un régime de concurrence pure et parfaite et dans un régime de concurrence imparfaite.
- Montrer aux apprenants l'intérêt pour les entreprises de s'unir et en même temps, décrire les actions des groupes de pression.
- Comprendre la planification des recettes et les dépenses de l'État, familiariser les élèves aux notions de budget de l'État
- Faire comprendre aux élèves le processus d'accumulation des ressources de l'État, leurs utilisations pour atteindre un développement durable.

La troisième partie de ce document concerne le programme de la terminale. Elle traite la question de sous-développement, elle détaille les conditions essentielles du développement, elle donne un aperçu sur quelques institutions financières internationales et étudie l'endettement et le chômage dans les pays sous-développés.

Ce manuel étant une première dans l'histoire de l'éducation nationale, il connaîtra d'autres éditions au fil des années conformément à l'évolution du programme.

PREMIÈRE PARTIE

CHAPITRE I

INTRODUCTION GÉNÉRALE A L'ÉCONOMIE POLITIQUE

Tous les jours, les hommes cherchent à connaître les différents besoins de leurs sociétés, ils se battent pour trouver les moyens nécessaires à la satisfaction de ceux-ci à partir de ressources limitées.

Section 1 : Définition et objet de l'économie politique

Mise en situation :

Monsieur Mouctar a posé la question à ses élèves à propos du mot économie, « lorsque vous avez entendu le mot économie pour la première fois à quoi avez-vous pensé ? »

Beaucoup d'élèves ont tenté de répondre à cette question. Les réponses les plus fréquentes étaient les suivantes :

L'économie, c'est lorsque vous gagnez de l'argent ou un bien quelconque, vous utilisez une partie et vous gardez l'autre partie. L'économie, c'est lorsqu'on évite les gaspillages des ressources. L'économie, c'est lorsqu'on fait le commerce pour gagner des bénéfices. L'économie, c'est lorsqu'on dépense uniquement dans ce qui est utile. L'économie, c'est lorsqu'on crée des initiatives pour gagner de l'argent. Toutes ces réponses sont relativement vraies, dit Monsieur Mouctar. Il a posé une autre question de réflexion.

Moussa est un agriculteur, chaque fois qu'il fait la récolte, il garde une partie dans son grenier en réserve, il vend une partie et il consomme avec sa famille l'autre partie. Selon vous, pourquoi cultive-t-il ? Pourquoi garde-t-il une partie de ses récoltes ? pourquoi revend-il l'autre partie ?

Moussa fait l'agriculture pour subvenir à ses besoins et ceux de sa famille, c'est l'activité idéale pour lui. Il travaille pour ne pas être dépendant des autres puisque le travail lui procure du revenu.

Il garde une partie de ses revenus pour éviter le gaspillage et prévenir les dépenses futures.

Il revend l'autre partie pour assurer les dépenses courantes de sa famille.

Le contenu de la leçon

1. Définitions de l'économie

Nous pouvons définir l'économie selon la conception ancienne et la conception moderne.

Selon la conception ancienne

Étymologiquement, le terme économie vient de deux mots grecs : Oïkos qui signifie maison et Nomos qui signifie règles ou lois. Donc, le mot économie signifie les règles de la bonne conduite d'une maison.

Le chef de famille, qui n'est pas forcément le père, doit assumer la responsabilité de la famille. Il doit prendre en charge les frais de logement de sa famille, les dépenses de nourriture, de l'éducation, les frais de scolarité des enfants, le soin, la facture d'électricité, d'eau et d'autres charges. Dans ce cas, il doit travailler pour avoir un revenu afin de faire face à toutes ses obligations. Puisque le revenu est toujours insuffisant pour satisfaire aux besoins qui sont illimités, alors il doit établir les règles et les principes d'utilisation de ses ressources pour satisfaire le maximum des besoins de la famille. Pour cela, il doit classifier les besoins par priorité et par urgence. C'est en ce sens que l'économie est la règle de la bonne conduite d'une maison.

L'expression Économie Politique a été introduite dans le vocabulaire de l'économie pour la première fois par le français Antoine de Montchrestien[1] dans son livre intitulé "Traité d'économie politique" au XVIIe siècle, en 1615. Il a défini l'économie comme « la science de l'administration et de l'ordre dans la maison ». Lorsque le mot économie a été utilisé dans un sens large, au-delà même de la maison pour indiquer la gestion des Cités, de l'État, c'est ainsi qu'on lui ajouta le mot politique qui vient de mot polis, un mot grec qui signifie l'organisation sociale de la ville, de la cité.

---

[1] Poète, dramaturge et économiste français, Antoine de Montchrestien est né à Falaise en 1575

Selon la conception moderne de l'économie

La notion de l'économie est orientée vers la façon d'obtenir les ressources et leurs gestions.

Pour Raymond Barre[2], l'économie est la science de l'administration des ressources rares. Elle étudie les formes que prend le comportement humain dans l'aménagement de ses ressources, elle analyse et explique les modalités selon lesquelles un individu ou une société affecte des moyens limités à la satisfaction des besoins illimités.

Pour Paul Anthony Samuelson[3], l'économie est l'étude de la façon dont l'homme et la société choisissent avec ou sans recours à la monnaie, d'employer les ressources productives rares qui sont susceptibles d'emplois alternatifs, pour produire divers biens et les distribuer en vue de la consommation présente ou future des différents individus et groupes qui constituent la société.

Pour Edmond Malinvaud[4], l'économie est la science qui étudie comment les ressources rares sont employées pour la satisfaction des besoins des hommes vivant en société, elle s'intéresse d'une part, aux opérations essentielles que sont la production, la distribution et la consommation des biens, d'autre part aux institutions et aux activités ayant pour objet de faciliter ces opérations.

Pour Lionel Robbins[5] : l'économie est la science qui étudie le comportement humain comme une relation entre des fins et des moyens rares à usage alternatif.

On peut alors retenir que, l'économie politique est la science qui étudie les règles qui régissent les processus de production, de répartition, d'échange et de consommation des biens et services. C'est l'ensemble des actions qui consistent à créer la valeur ajoutée et d'assurer sa répartition.

2. L'objet de l'économie politique :

---

[2] Ancien premier ministre français, professeur d'université né le 12 avril 1924 à Saint Denis, mort le 25 août 2007 à Paris

[3] P. A. Samuelson est un économiste américain, prix Nobel de l'économie, né en 1915 à Gary.

[4] Économiste français, professeur au collège, Edmond Malinvaud est né 25 avril 1923 à Limoges

[5] Économiste Britannique, professeur d'université, Lionel Robbins né le 22 novembre 1898 à Sipson et mort le 15 mai 1984 à Londres

L'économie vise à connaître les besoins de l'homme et de la société tout en envisageant les moyens de leurs satisfactions. Son objet est donc l'étude des besoins de l'homme et de leurs satisfactions.

Elle cherche à fournir aux individus des solutions qui leur permettent de créer le maximum de ressources nécessaires à la satisfaction de leurs besoins ainsi que la gestion de ces ressources.

Exercices de consolidation :

Sujet : Quelle différence faites-vous entre la conception ancienne et la conception moderne de l'économie ?

Sujet 2 : De toutes les définitions des économistes données dans le cours, laquelle vous semble être la meilleure et pourquoi ?

Résumé :

L'économie politique est la science qui étudie les règles qui régissent les processus de production, de répartition, d'échange et de consommation des biens et services.

Son objet est l'étude des besoins de l'homme et de leurs satisfactions.

Section 2 : Les rapports entre l'économie politique et les autres sciences

Mise en situation :

Monsieur Mouctar a demandé à ses élèves « vous étudiez plusieurs disciplines dans le programme, selon vous qu'est-ce qu'elles ont en commun ? »

Il faut constater que la préoccupation de l'homme se trouve au centre de toutes ces disciplines dans la mesure où elles cherchent toutes à satisfaire aux besoins de l'homme. Comme l'économie cherche également à satisfaire aux besoins de l'homme, alors, elle entretient donc des relations avec toutes les autres sciences.

Le contenu de la leçon

L'économie politique étant une science sociale, elle entretient des rapports avec toutes les autres sciences. Mais dans ce cours, on parlera de ses rapports avec l'histoire, la géographie, les mathématiques et la statistique.

Le rapport entre l'économie politique et l'histoire :

L'histoire est la science qui étudie le passé. Les faits historiques se situent dans le temps et dans l'espace. Donc l'histoire enseigne aux économistes, avec précision, l'évolution des faits économiques, les pensées et les activités économiques. C'est grâce à l'histoire que nous savons qu'il a existé cinq modes de production :

Le mode de production primitif **:** les hommes vivaient en communauté, leur principale préoccupation était la recherche de la nourriture et leurs activités se résumaient en la chasse, la pêche et la cueillette.

Le mode de production esclavagiste : C'était l'époque de l'individualisme, la préoccupation économique des hommes était l'accumulation des richesses en exploitant les autres, en les soumettant aux travaux forcés. Leurs activités principales étaient l'exploitation minière et l'agriculture.

Le mode de production féodal **:** C'était toujours l'époque de l'individualisme, la préoccupation des hommes était la possession des terres cultivables et leur activité principale était l'agriculture.

Le mode de production capitaliste **:** C'est la véritable époque de l'individualisme. Chacun pour soi. La préoccupation principale des hommes est l'enrichissement individuel. Les activités principales sont la production, l'échange, le crédit…

Le mode de production socialiste **:** c'est l'époque de la solidarité, la préoccupation principale des hommes est d'assurer le bien-être social de la communauté. Les activités sont diversifiées, mais le but reste le même, la solidarité.

Le rapport entre l'économie politique et la géographie

La géographie étudie les phénomènes terrestres, elle fournit donc aux économistes la connaissance physique du milieu dans lequel ils investissent (climat, sol, population, hydrographie, saisons…)

Le rapport entre l'économie politique et les mathématiques

Les mathématiques constituent un outil de travail pour les économistes. Elles sont un instrument de planification, de programmation, de gestion, etc.

Elles permettent aux économistes de calculer le bénéfice, les revenus, de déterminer le rendement de l'entreprise, les salaires, etc.

Le rapport entre l'économie politique et la statistique

La statistique est l'ensemble des techniques et des méthodes qui visent au rassemblement, à la présentation et à l'analyse des données chiffrées ainsi qu'à leur interprétation pour prendre de bonnes décisions. C'est un outil d'aide à la prise de décision, elles aident les économistes dans leurs décisions d'investissement. Le travail du statisticien consiste à fournir à l'économiste un ensemble de données numériques relatives à un fait donné.

Exercices de consolidation :

Sujet 1 : Expliquer, à travers des exemples précis, le rapport entre l'économie et la philosophie.

Sujet 2 : Entre le mode de production capitaliste et le mode de production socialiste, lequel est juste selon vous et pourquoi ?

Résumé :

L'économie politique étant une science sociale, elle entretient des rapports avec toutes les autres sciences.

Son objet étant l'étude des besoins de l'homme et de leurs satisfactions, elle utilise toutes les sciences pour atteindre cet objectif.

CHAPITRE II

LA PRODUCTION

Il y a deux façons d'obtenir les biens nécessaires à la satisfaction des besoins de l'homme, soit il attend que la nature lui donne, soit il les fabrique lui-même.

Section 1 : Définition et importance de la production

Mise en situation :

L'histoire nous apprend que les premiers hommes vivaient de la chasse, de la cueillette et de la pêche. Maintenant les choses ont changé, au lieu de la chasse, les gens élèvent les animaux, à la place de la cueillette, ils font l'agriculture, pour augmenter les produits de la pêche, ils font la pisciculture, à la place du troc ils font le commerce, à la place de l'aide ils font le crédit. Ils font d'autres activités comme l'industrie, les activités bancaires, le transport…

A votre avis pourquoi les choses ont - elles changé ?

Les hommes primitifs n'avaient qu'une seule préoccupation majeure, celle de la recherche de la nourriture. Pour ce fait, ils n'avaient que trois activités économiques principales : la chasse, la cueillette et la pêche. Avec l'accroissement démographique et la civilisation, l'humanité a connu d'autres activités économiques. La recherche de la nourriture n'était plus la seule préoccupation des hommes. Ils n'attendaient plus que la nature leur offre tout ce qu'il ils souhaitaient avoir, ils ont commencé à produire les biens et les services. Grâce au développement de l'échange, chacun peut exercer toute sorte d'activité, la développer et la rentabiliser.

Le contenu de la leçon

La production est une activité économique qui consiste à créer des biens et services en vue de satisfaire les besoins de la population. Pour produire, il faut travailler, c'est donc le moteur du développement économique et social.

Les types de production

Selon le but : on a la production marchande et la production non marchande

La production marchande : c'est l'ensemble des produits (biens et services) destinés au marché pour être vendus à la population.

Exemples : le riz ; les chaussures ; le cahier ; l'ordinateur.

La production non marchande : c'est l'ensemble des produits généralement des services qui ne sont pas vendus, ils sont gratuitement mis à la disposition de la population par l'administration publique (État).

Exemple : les routes, les écoles, les mosquées, les marchés…

Selon la manière de produire les biens : on a la production artisanale et la production industrielle

La production artisanale : elle s'effectue de façon traditionnelle, généralement à la main ou à l'aide des instruments traditionnels rudimentaires.

La production industrielle : elle se fait à grande échelle à l'aide des machines.

Le rôle de la production :

La production, qu'elle soit marchande ou non marchande, artisanale ou industrielle, elle joue un certain rôle sur le plan socio-économique.

- Elle permet de satisfaire les besoins des consommateurs ;
- elle crée les emplois ;
- elle crée des revenus (le salaire pour les employés, le dividende pour les actionnaires, le bénéfice pour les commerçants, les impôts et les taxes pour l'État…) ;
- elle assure la prospérité en créant la richesse.

La production est à la base de toutes les activités économiques.

Exercices de consolidation :

Sujet 1 : Énumérez les principales activités effectuées dans votre pays, et dites celles qu'on peut qualifier d'activités économiques et pour quoi ?

Sujet 2 : Entre la production manuelle et la production industrielle laquelle est plus importante selon vous et pourquoi ?

Résumé :

La production est une activité économique qui consiste à créer des biens et services en vue de satisfaire les besoins de la population.

La production, qu'elle soit marchande ou non marchande, artisanale ou industrielle, elle joue un rôle important sur le plan socio-économique.

- Elle permet de satisfaire les besoins des consommateurs ;
- elle crée les emplois ;
- elle crée des revenus (le salaire pour les employés, le dividende pour les actionnaires, le bénéfice pour les commerçants, les impôts et les taxes pour l'État…) ;
- elle assure la prospérité en créant la richesse.

Section 2 : La notion de besoins, de biens et de services

Mise en situation :

Lorsque les gens manquent de quelque chose, le désir d'avoir cette chose naît, ils sont gênés ou bien ils souffrent. Chaque jour, cette envie d'avoir ce qu'ils désirent grandit en eux. La question a été posée à certains enfants du quartier d'énumérer pêle-mêle, leurs désirs. Plusieurs enfants ont déclaré qu'ils ont envie d'avoir des jeux vidéo, des vélos, des habits de luxes, des poupées, des tablettes pour enfant et d'autres choses. Qu'ils sont gênés de ne pas avoir ce qu'ils désirent. Le désir d'avoir ce qu'on n'a pas s'appelle le besoin.

À votre avis, est-ce que leurs besoins pourraient cesser si on leur donnait ce dont ils ont envie ? Pourquoi ?

Le constat a montré que chaque fois qu'on satisfait un besoin, un ou plusieurs autres naissent. Cette situation montre que les besoins ne finissent jamais, ils sont illimités.

Le contenu de la leçon

A- Le Besoin

On peut définir le besoin comme une sensation de gêne ou de souffrance causée par le manque de quelque chose. C'est une nécessité vitale liée à l'existence des êtres vivants. Les êtres humains ressentent, en permanence, l'envie de faire quelque chose de meilleur, de paraître bien, d'aimer et d'être aimé, d'avoir quelque chose de nouveau, de se déplacer, de s'épanouir, etc. toutes ces envies créent des besoins.

Classification des besoins

Les besoins étant multiples et diversifiés, on peut les classifier selon l'urgence et selon la manière de leurs satisfactions.

Selon l'urgence de leurs satisfactions, nous avons les besoins primaires et les besoins secondaires

Les besoins primaires

Ce sont des besoins physiologiques dont la satisfaction assure la survie des individus et le statut d'homme. Ils sont indispensables. Exemple se nourrir, se soigner, se marier, se loger, s'habiller, se déplacer…

Tout individu doit manger pour vivre, car la nourriture assure le fonctionnement de l'organisme. Pour continuer de vivre aussi longtemps que possible, il doit régulièrement se soigner. La santé et la maladie sont deux choses qui sont liées à la vie de l'homme, il doit faire en sorte que la maladie ne gagne pas sur la santé. Ensuite, il doit se marier pour assurer la continuité de l'humanité. Il doit se mettre à l'abri du soleil, du vent, des nuages, de la pluie, etc., en construisant un logement et il doit s'habiller. Il ne peut demeurer sur place tout le temps, il doit donc se déplacer pour découvrir d'autres horizons.

Les besoins secondaires :

Ce sont des besoins de civilisation dont les satisfactions sont nécessaires à l'amélioration des conditions de vie des individus. Ils sont créés suite au développement de la société.

Exemple : se cultiver, se divertir, se rendre belle…

Selon la manière par laquelle ils sont satisfaits, on distingue deux types de besoins :

Les besoins individuels :

Le besoin individuel est celui ressenti par un individu et dont la satisfaction est individuelle.

Quand Moussa a mal à la tête, c'est lui seul qui en ressent la douleur, il dit au pharmacien « j'ai besoin de paracétamol ». C'est lui seul qui en a besoin, et quand il est guéri, c'est encore lui seul qui en ressent la satisfaction.

Quand Fatoumata a faim, c'est elle seule qui ressent cette douleur, quand elle mange, elle sera la seule à être comblée de satisfaction.

Les besoins collectifs

Le besoin collectif est un besoin ressenti par un groupe d'individus (communauté, population…) et dont la satisfaction est collective.

Exemple : Pendant la colonisation, le besoin de tout un chacun était l'indépendance. Tout le peuple aspirait à la liberté. Le 2 octobre 1958, le peuple était satisfait de se libérer de la domination étrangère.

La guerre en Côte d'Ivoire en 2004 a fait des milliers de morts et de déplacés. Le peuple sentait un besoin pressant de retour à la paix. À la fin de la guerre, tout le peuple était soulagé, la quiétude s'était installée.

Donc la paix, l'indépendance, la sécurité… sont des besoins collectifs.

La pyramide des besoins d'Abrham Maslow[6].

Selon Maslow, tout homme lutte au cours de sa vie pour satisfaire cinq besoins fondamentaux : la survie, la sécurité, son acceptation dans la société, l'estime de soi et la réussite personnelle.

---

[6] **Abraham Harold Maslow**, est un psychologue américain humaniste, né le 1er avril 1908 à Brooklyn, New York et mort le 8 juin 1970 à Menlo Park en Californie.

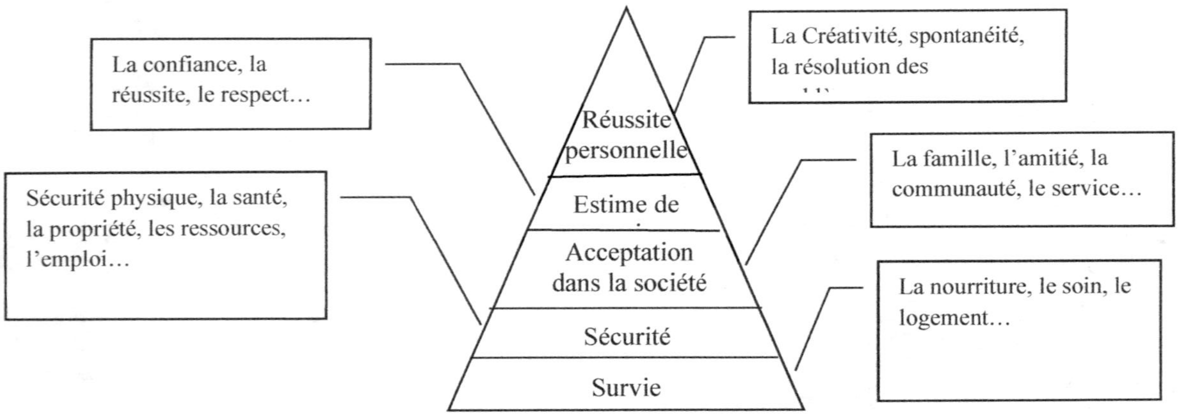
La confiance, la réussite, le respect…
Sécurité physique, la santé, la propriété, les ressources, l'emploi…
Réussite personnelle
Estime de
Acceptation dans la société
Sécurité
Survie
La Créativité, spontanéité, la résolution des
La famille, l'amitié, la communauté, le service…
La nourriture, le soin, le logement…

B- Le Bien

Le bien est tout élément matériel capable de satisfaire un besoin. Il satisfait aux nécessités de l'homme.

Exemple : la nourriture pour le besoin de la faim, le véhicule pour le besoin de déplacement…

Classification des biens

On peut classifier les biens selon la manière de leurs obtentions et de leurs utilisations.

Selon la manière de leurs obtentions : on a les biens libres ou gratuits et les biens économiques.

Les biens libres sont les biens offerts par la nature en quantité illimitée. Exemple l'air, le soleil, la pluie, la terre, la mer….

Les biens économiques sont des biens créés par les hommes, leurs obtentions nécessitent un certain effort individuel ou collectif. Ils sont toujours insuffisants.

Exemple : Les maisons, les cahiers, l'argent…

Selon leurs utilisations on a : les biens de consommation et les biens de production.

Les biens de consommation sont des biens destinés à satisfaire directement les besoins individuels et collectifs.

Exemple : la nourriture, l'habillement…

Les biens de production sont des biens qui servent à produire d'autres biens et services.

Exemple : l'ordinateur, le tracteur, la matière première, l'école, les routes…

Selon la durabilité on a : les biens fongibles et les biens durables.

Les biens fongibles ne servent qu'à une seule utilisation alors que les biens durables servent à plusieurs utilisations dans le temps.

C- Le Service

Le service est tout élément immatériel capable de satisfaire à un besoin. Il est consommé au moment même de sa production.

Exemple : la communication, le transport, l'enseignement…

Karim a besoin de parler à son frère qui se trouve à Paris. Il l'appelle sur son téléphone. À la fin de leur entretien, il est satisfait. Il a dépensé des unités. Le service rendu est la communication.

Pour se rendre à l'école, un élève s'embarque à bord d'un taxi. Arrivé, il paye le chauffeur puisqu'il a déjà consommé le service rendu qui est le transport.

Les caractéristiques du service

Le Service est caractérisé par quatre éléments qui sont :

- *Il est intangible* : le service ne peut être vu, touché, senti ou écouté avant d'être acheté ou consommé.
- *Il est périssable* : le service ne peut pas être stocké pour être utilisé après.
- *Il est indivisible* : le service est simultanément fabriqué et consommé par l'usager.
- *Il est variable* : la qualité du service varie en fonction du besoin.

Classification des services : On distingue deux types de services.

Service marchand ou service privé : c'est un service dont le prestataire s'attend à une contrepartie monétaire.

Exemple : le transport, la communication, le commerce, le crédit.

Service non marchand ou service public : c'est un service dont le prestataire ne demande pas de rémunération ou de contrepartie monétaire. Ce sont des services gratuits. Ils sont généralement fournis par l'État.

Exemple : l'enseignement public, les soins dans les hôpitaux publics, la sécurité nationale…

Le service public repose sur trois critères selon Lui Roland[7]

- la légalité de traitement
- la continuité du service
- la mutabilité du service en fonction du besoin des citoyens

Exercices de consolidation

Sujet 1 : Faites la classification des besoins et des biens.

Sujet 2 : Qui fournit les services non marchands ?

Sujet 3 : À votre avis, qui doit veiller sur les biens publics ?

Sujet 4 : En vous servant de ces étiquettes, formulez la phrase correspondante

[7] Louis Rolland juriste français, il est né le 24 août 1877 et mort le 2 mars 1956 dans le 14e arrondissement de Paris. Il est considéré comme l'un des fondateurs du droit public administratif français.

a) | public | au cœur de | Le service | son fonctionnement | place les usagers |

b) | matériel | capable de | Le bien | satisfaire un besoin | est tout élément |

Résumé :

Le besoin est une sensation de gêne ou de souffrance causée par le manque de quelque chose. C'est une nécessité vitale liée à l'existence des êtres vivants.

Le bien est tout élément matériel capable de satisfaire un besoin.

Lorsqu'il est immatériel, on l'appelle service. Il est consommé au moment même de sa production.

Section 3 : Les facteurs de production

Mise en situation :

Fara est un écolier qui a une grande admiration pour l'agriculture. À l'occasion de la saison des pluies, il a décidé de faire un champ de maïs derrière leur maison. Selon vous de quoi aurait-il besoin pour faire cette activité ?

Nous avions dit que pour produire il faut travailler, ce qui nécessite la combinaison de certains éléments importants dont l'effort physique et intellectuel, les instruments agricoles et de l'argent pour acheter les semences, les engrais...

Le contenu de la leçon

Les facteurs de production sont l'ensemble des éléments qui font la production ou qui participent à la production des biens et services.

On distingue trois facteurs principaux : le facteur travail, le facteur capital et le facteur naturel

Le facteur travail

Le travail est l'activité consciente de l'homme par laquelle il modifie les objets de la nature pour les adapter à ses besoins.

Il est constitué de trois éléments : la force de travail, les moyens de travail et l'objet de travail.

La force de travail est l'ensemble des facultés physiques, mentales, techniques et les expériences de l'homme dans la production. C'est le facteur humain.

Le moyen de travail est l'ensemble des instruments ou outils utilisés dans la production tels que la daba, la scie, le tracteur, la machine, l'ordinateur, etc. Ce sont des équipements de travail, mais il peut inclure la technologie.

L'objet de travail, c'est l'élément sur lequel on applique la force et les moyens de travail (tels que le bois pour le menuisier, le sol ou la terre pour l'agriculteur).

Le facteur capital

C'est l'ensemble des ressources d'un agent économique dont l'emploi lui permet d'obtenir à chaque période un revenu : le fonds de commerce, la maison en location, le taxi, etc.

Classification du capital

On peut classer les capitaux selon leur durée et leur rôle.

Selon la durée du capital : il y a le capital circulant et le capital fixe.

Le capital circulant est l'ensemble des biens détruits ou profondément transformés dans un cycle de production. Exemple la matière première, les fournitures consommables (l'eau, l'électricité), etc.

Le capital fixe est constitué des éléments qui participent à plusieurs cycles de production tels que les machines, les véhicules de service, le bâtiment qui abrite les bureaux, etc.

Suivant leur rôle : il y a le capital constant et le capital variable.

Le capital constant est la partie du capital qui se transforme en moyens de production comme la matière première, les instruments de travail…

Le capital variable est la partie du capital destinée à la rémunération de la force de travail (le salaire, les primes).

Le facteur naturel

C'est l'ensemble des potentialités offertes par la nature comme les conditions géo- climatiques (les mines, la mer, la végétation, le climat...)

À côté de ces facteurs, on ajoute le progrès technique. La technique et la technologie constituent un facteur important dans la production.

Exercices de consolidation

Sujet 1 : Après sa formation en pâtisserie, Binta décide de faire les gâteaux d'anniversaire de son premier client.

Selon vous, de quoi aura-t-elle besoin pour faire cette activité ?

Sujet 2 : Entre les facteurs de production, lequel est le plus important selon vous et pourquoi ?

Résumé :

Les facteurs de production sont l'ensemble des éléments qui font la production ou qui participent à la production des biens et services.

On distingue trois facteurs principaux qui sont : le facteur travail, le facteur capital et le facteur naturel

Section 4 : La productivité

Mise en situation :

Un paysan père de famille fait son petit calcul. Il voit que tous les deux ans, un enfant naît chez lui. Jusqu'à maintenant, il a déjà 3 enfants, et si cela continue ainsi, dans 6 ans il y aura 3 enfants de plus, c'est-à-dire qu'il y en aura 6 au total. Sachant qu'il tire de sa terre 500kg de haricot à l'hectare par an pour nourrir sa famille. Il se dit alors :

Est-ce que la même production pourra suffire dans 6 ans ?

S'il décide de s'arranger à ce que sa terre produise à peu près deux fois plus qu'avant, à votre avis, est-ce que cela pourrait être possible ? Comment ?

Sachant que dans 6 ans, le nombre de ses enfants va passer de 3 à 6 personnes, donc sa dépense va doubler, dans ce cas, la solution envisageable serait qu'il parvienne au moins à doubler sa production pour lui permettre de subvenir à ses dépenses.

Avec la même terre, il peut bien doubler sa production s'il a la volonté et les moyens réunis.

Il doit apprendre des nouvelles techniques de travail, renforcer ses connaissances et ses compétences en agriculture. Il doit aussi sélectionner les semences de meilleure qualité. Ensuite, il doit utiliser les instruments modernes et les intrants agricoles (engrais, herbicide, pesticide…).

Le contenu de la leçon

La productivité est un indicateur économique qui permet d'apprécier la performance de la production. C'est une donnée qui s'obtient en faisant le rapport entre la production (la quantité de biens et de services produite) et les facteurs utilisés.

$$Productivité = \frac{Production}{les facteurs utilisés (capital et travail)}$$

On peut déterminer la productivité d'un facteur de production

Pour la productivité du travail on a

$$P = \frac{Production}{facteur travail}$$

Pour la productivité du capital, on a :

$$P = \frac{Production}{facteur capital}$$

Les conditions d'amélioration de la productivité

Il y a principalement trois conditions d'amélioration de la productivité : la condition technique, la condition humaine et la condition psychologique.

La condition technique

La condition technique concerne la méthode de travail, et les instruments de travail. Pour améliorer la productivité à travers les conditions techniques il faut :

- Améliorer la méthode de travail
- Utiliser les équipements modernes et appropriés
- Appliquer une bonne technique d'approvisionnement et de gestion de la matière première.

La condition humaine

La condition humaine concerne la compétence, la capacité et les aptitudes du travailleur. Pour améliorer la productivité à travers la condition humaine il faut :

- Assurer la formation des travailleurs
- Recruter les travailleurs qui ont la capacité physique et intellectuelle et de l'expérience.
- Réduire l'absentéisme et le retard dans le travail.

- Faire une bonne organisation du travail.

La condition psychologique

La condition psychologique concerne les facteurs de motivation et de rétention des travailleurs qualifiés et expérimentés au sein de l'entreprise. Pour améliorer la productivité par le facteur psychologique il faut :

- Assurer un bon traitement des travailleurs (un bon salaire, les allocations sociales, le respect…)
- Créer l'émulation entre les travailleurs par les promotions, les primes d'encouragement, les avantages.
- Instaurer un plan de carrière…

Organisation du travail

Dans le cadre de l'organisation de travail, Fréderic W. Taylor[8] dit qu'il s'agit d'organiser et de rationaliser le processus de production en respectant les principes suivants :

- Pour tout travail à faire, il faut étudier une technique rationnelle remplaçant les méthodes routinières.
- Il faut transmettre systématiquement cette technique à l'exécutant bien formé pour qu'il puisse l'appliquer intégralement,
- Il faut séparer les fonctions de préparation de travail de celles d'exécution.
- Spécialiser chacun dans une des fonctions,
- Il faut bien rémunérer les travailleurs

Exercices de consolidation :

Sujet 1 : Faites une interview avec l'un de vos parents à la maison en lui posant les questions suivantes :

1. Quel travail faites-vous ?
2. Aimez-vous votre travail ?
3. Combien d'heures faites-vous au travail par semaine ?
4. Que faites-vous pour améliorer votre productivité au travail ?
5. Il vous arrive-t-il d'avoir du stress au travail ?
6. Si oui, que faites-vous pour ne pas que le stress vous empêche de faire correctement votre travail ?

---

[8] Frederick Winslow Taylor est un ingénieur américain, promoteur le plus connu de l'organisation scientifique du travail. Il est né 20 mars 1856 à Germantown et mort le 21 mars 1915 à Philadelphie. Il est le père du Taylorisme ou du travail à la chaine.

Sujet 2 : L'entreprise Fasso Production veut augmenter sa production de farine de manioc. Compte tenu de ses moyens limités, elle veut faire les choses étape par étape. Selon vous, acheter une nouvelle machine ou améliorer les conditions de travail de ses employés, quelle est l'action prioritaire et pourquoi ?

Résumé :

La productivité est un indicateur économique qui nous permet d'apprécier la performance de la production. C'est une donnée qui s'obtient en faisant le rapport entre la production et les facteurs utilisés.

On peut calculer la productivité du capital et celle du travail

Il y a principalement trois conditions d'amélioration de la productivité : la condition technique, la condition humaine et la condition psychologique.

Section 5 : Les secteurs de production

Mise en situation :

1- La Guinée était la plus riche des colonies françaises d'Afrique de l'Ouest, ainsi, le gouverneur Roland Pré l'avait qualifiée de château d'eau d'Afrique de l'Ouest et de scandale géologique.

Selon vous quels sont les types de ressources dont elle disposait ?

2- Voici une liste de certaines activités économiques fondamentales en Guinée, observez bien et classez-les en trois groupes, en fonction des critères que vous allez trouver vous-même : l'agriculture, le commerce, l'exploitation minière, l'industrie, l'énergie, les activités bancaires, le transport, le bâtiment, la communication, l'élevage, la pêche, l'exploitation forestière, le tourisme et l'artisanat.

Avant 1958, la Guinée était le premier pays producteur de Banane, de Café et d'ananas en Afrique de l'Ouest. Elle produisait à l'époque plus de 248 000 tonnes de riz par an. Elle dispose près de 15 milliards d'hectares de terre cultivable, de neuf (9) fleuves internationaux, de 1165 cours d'eau, de plusieurs sites de barrage électrique. Le potentiel énergétique de 6233 MW, avec 4,8 KWh/m^2/jour en énergie solaire qui promettraient l'électrification du pays ainsi que l'industrialisation des activités économiques. Sa capitale est une presqu'île entourée par la mer avec un port international qui assure les transactions maritimes. Elle dispose d'énormes richesses du sous-sol : plus d'un tiers des réserves mondiales de bauxite, plus de 4 milliards de tonnes de minerai de fer de forte teneur, ainsi que des gisements importants d'or, de diamant, de cuivre, du manganèse et des quantités inconnues d'uranium... Cela permettrait l'exploitation minière artisanale ou industrielle ainsi que l'ouverture du pays au reste du monde dans le cadre du commerce international.

Nous avons classé ses activités principales dans le tableau ci-dessous. Nous avons choisi trois critères pour regrouper les activités :

Les activités qui exploitent le facteur naturel	**Les activités qui sont basées sur la transformation**	**Les activités de prestation des services**
L'agriculture L'exploitation minière Le l'élevage La pêche L'exploitation forestière	L'industrie L'énergie Le bâtiment L'artisanat	Le commerce Les activités bancaires Le transport La communication Le tourisme

Le contenu de la leçon

Les secteurs de production sont les domaines dans lesquels on fait la production. Ils peuvent être regroupés selon la nature des activités économiques et le but visé par ces activités.

1- Selon la nature des activités économiques

Les économistes Colin Clark[9] et Jean Fourastié[10] distinguent, au sein de l'activité productive, trois secteurs qui sont : le secteur primaire, le secteur secondaire et le secteur tertiaire.

Le secteur primaire :

C'est le premier secteur de développement, il est formé par les activités qui utilisent le facteur naturel. Exemple : l'agriculture, l'élevage, l'extraction minière, la pêche…

---

[9] Colin Clark, économiste et statisticien britannique, né le 2 novembre 1905 à Londres décédé le 4 septembre 1989 en Australie

[10] Jean Fourastié économiste français né le 15 avril 1907 à Saint-Benin-d'Azy ; mort en 1990 à Douelle.

L'agriculteur exploite la terre qui est un élément naturel, donc l'agriculture est une activité du secteur primaire. De même, l'éleveur élève les animaux qui sont aussi naturels. Les miniers extraient des ressources du sous-sol qui sont naturelles. Le pêcheur pêche les poissons qui sont eux aussi naturels.

Le secteur secondaire :

C'est le secteur de la transformation des matières premières en produits finis. Exemple : l'industrie, le bâtiment, l'électricité…

À l'industrie, on transforme la bauxite en aluminium, le blé en farine, le cacao en chocolat, le coton en tissu…

Le secteur tertiaire :

C'est le secteur de prestation de services. Il est constitué par les entreprises qui fournissent les services marchands dans la satisfaction de la population. Exemple le commerce, le transport, le spectacle, la banque, les professions libérales (avocat, huissier, notaire, pharmacie…)

2- Selon le but visé dans la production :

On distingue trois secteurs de production qui sont le secteur privé, le secteur public et le secteur d'économie sociale et solidaire.

Le secteur privé : Le secteur privé ou capitaliste rassemble des entreprises appartenant aux particuliers qui y ont apporté le capital nécessaire. Elles ont pour finalité d'accroître le profit de leurs propriétaires (actionnaires) en vendant leurs productions sur le marché.

Le secteur public : Le secteur public ou étatique rassemble les administrations et les entreprises publiques. Elles poursuivent l'intérêt général de la population qu'elles entendent servir. Elles sont dirigées par le pouvoir public et produisent des biens et des services de nature collectif et non marchand ou quasi-gratuit (exemple : les routes, les écoles, les hôpitaux, l'électricité, l'eau, la protection sociale…)

Le secteur social et solidaire : Ce sont des organisations privées qui poursuivent une finalité sociale. Elles sont "non capitalistes" au sens où elles ne visent pas d'abord à rémunérer des apporteurs de capitaux. Elles produisent parfois des services collectifs non marchands.

Exemples : la Croix-Rouge, les ONG de développement, les associations de protection de l'environnement, les microfinances, les fondations qui soutiennent le programme de la société civile.

Exercices de consolidation :

Sujet 1 : Les organisations de la société civile (les ONG, les Syndicats, les Partis politiques…) font partie de quel secteur de production ?

Sujet 2 : Devoir de groupes

Groupe 1 : Faites une interview avec un responsable d'une ONG en lui posant les questions suivantes :

- Quel est le nom de votre ONG ?
- Quels sont vos objectifs ?
- Quel est le but de votre ONG ?
- Comment financez-vous vos activités ?

Groupe 2 : Faites une interview avec un responsable d'une structure syndicale en lui posant les questions suivantes :

- Quel est le nom de votre organisation syndicale ?
- Quels sont vos objectifs ?
- Quel est le but de votre organisation syndicale ?
- Comment financez-vous vos activités ?

Groupe 3 : Faites une interview avec un responsable d'une entreprise en lui posant les questions suivantes :

- Quel est le nom de votre entreprise ?
- Quels sont vos objectifs ?
- Quel est le but de votre entreprise ?
- Comment financez-vous vos activités ?

Résumé :

Les secteurs de production sont les domaines dans lesquels on fait la production. Ils peuvent être regroupés selon la nature des activités économiques et le but visé par ces activités.

Selon la nature des activités économiques

Les économistes Colin Clark et Jean Fourastié distinguent, au sein de l'activité productive, trois secteurs qui sont : le secteur primaire, le secteur secondaire et le secteur tertiaire.

Selon le but visé dans la production :

On distingue trois secteurs de production qui sont le secteur privé, le secteur public et le secteur d'économie sociale et solidaire.

CHAPITRE III

Les agents économiques

L'économie est un ensemble d'activités de production, de répartition, d'échange et de consommation des biens et services. Toutes ces activités sont exercées par les agents économiques.

Mise en situation

On apprend dans les discussions qu'une activité économique est toute activité lucrative qui vise à satisfaire les besoins de l'homme. Et de même ceux qui font des activités économiques sont appelés agents économiques.

À votre avis, quels sont ceux qui font les activités ci-dessous :

La production des biens et services ; la défense de l'intégrité du pays et la sécurité interne, la consommation des biens et services, le commerce international, l'octroi des crédits, le financement des projets de développement, la garantie contre les risques, la garde de l'argent, la défense des intérêts des travailleurs ?

Nous pouvons dire que :

Ceux qui font la production des biens et services sont les entreprises

Ceux qui font la consommation des biens et services sont les ménages

Ceux qui défendent l'intégrité du pays et la sécurité interne, la construction des routes sont les administrations publiques (État et les collectivités)

Ceux qui défendent les intérêts des travailleurs sont les administrations privées notamment les syndicats.

Ceux qui garantissent contre les risques sont les sociétés d'assurance ;

Ceux qui octroient des crédits, gardent l'argent des gens sont les banques ;

Ceux qui assurent le financement des projets de développement, le commerce international c'est le reste du monde ou l'extérieur.

Ils sont tous appelés agents économiques. Les agents économiques sont des personnes physiques ou morales qui exercent une activité économique (la production, la répartition, la consommation, l'épargne, l'investissement et le financement, le commerce). Ils ont un pouvoir de décision.

Il existe six agents économiques : les ménages, les entreprises, les administrations, les institutions financières, les sociétés d'assurance et le reste du monde.

Il convient de dire que chaque agent économique a un rôle particulier au sein de l'économie.

Section 1 : Les ménages

Mise en situation :

David a quitté sa famille lorsqu'il était adolescent. Il vivait dans la rue avec ses amis. Très tôt, il a abandonné l'école. Il fumait la cigarette, prenait la drogue, buvait l'alcool. Il a appris à voler les gens. Il a connu la prison et beaucoup d'autres difficultés. Il a cherché l'argent par les moyens non recommandés. Devenu adulte, il regrette sans cesse son passé.

À travers ce récit, dites quelle est l'importance de vivre dans une famille ?

Pourquoi David a-t-il regretté son passé ?

Vivre dans une famille donne aux enfants un certain cadre de vie qui garantit leur éducation. L'éducation familiale est basée sur la morale, le respect, la discipline, l'amour... La famille crée un environnement qui favorise la solidarité, la tolérance, le partage, le vivre ensemble, la joie.

David a regretté son passé parce qu'il n'a pas eu une bonne éducation. Il faisait du mal à tout le monde, au final, il s'était rendu compte qu'il s'était fait du mal lui-même.

Le contenu de la leçon

Le ménage est l'ensemble des personnes qui vivent ensemble sous un même toit pendant un certain temps, ils peuvent avoir des liens de parenté ou non.

Les types de ménages:

On distingue deux types de ménage.

A- Le ménage ordinaire : il est constitué des personnes vivant sous le même toit et ayant des liens de parenté.

Exemple : la famille

Les liens de parenté sont créés soit par le sang, soit par le mariage.

Le rôle de la famille :

La famille a la responsabilité d'assurer la subsistance des enfants, leur encadrement, l'enseigner des valeurs et des croyances qui les guideront tout au long de leur vie. Elle offre aux enfants la stabilité, le soutien, l'orientation et le sentiment d'appartenance à un groupe social. Elle aide l'enfant à se préparer à surmonter les difficultés de la vie.

B- Le ménage collectif : il est constitué des personnes qui vivent ensemble dans un même endroit, mais qui non aucun lien familial.

Exemple : les élèves d'une même salle de classe, les militaires dans les casernes, les étudiants dans les campus universitaires, les prisonniers dans les cellules, l'équipe de football à l'internat.

La fonction principale des ménages :

La fonction principale des ménages au sein de l'économie est la consommation des biens et services. Ils achètent les biens et services que produisent les autres agents économiques pour les utiliser afin de satisfaire leurs besoins individuels ou collectifs.

La ressource principale des ménages :

Les ménages travaillent, leur ressource principale est la rémunération de leur force de travail (Revenu).

Ils peuvent travailler à leur propre compte, on appelle cela, le travail indépendant comme celui que font les commerçants, les avocats, les entrepreneurs, les huissiers, les écrivains…

Ils peuvent également travailler au compte de quelqu'un d'autre, dans ce cas ils sont appelés salariés. Le salarié se distingue du travailleur indépendant par le fait qu'il ne travaille pas pour son propre compte, mais pour celui d'un employeur. Le salarié est donc une personne qui met son activité au service d'une autre personne, son employeur, et se place sous sa subordination en contrepartie d'une rémunération (salaire).

Exercices de consolidation :

Sujet 1 : Que signifie l'expression "heureux ménage" qu'on entend souvent dans les mariages.

Sujet 2 : Travailler pour son propre compte (commerçants, avocats, agriculteurs, les huissiers, les écrivains...) ou travailler pour quelqu'un d'autre en étant salariés, lequel vous semble meilleur et pourquoi ?

Résumé :

Le ménage est l'ensemble des personnes qui vivent ensemble sous un même toit pendant un certain temps, ils peuvent avoir des liens de parenté ou non.

On distingue deux types de ménage : ménage ordinaire et ménage collectif

La fonction principale des ménages est la consommation des biens et services.

Leur ressource principale est la rémunération de leur force de travail (Revenu).

Section 2 : Les Entreprises

Mise en situation :

Dans un séminaire sur l'Entrepreneuriat, Kassim a entendu dire que personne ne peut devenir riche en étant employé. Il a tenté d'expliquer cela à ses amis d'école, mais plus il leur explique, plus les choses deviennent confuses dans leur tête. Alors. Il vous demande de l'aider à mieux expliquer.

Un employé est rémunéré en fonction du travail qu'il fournit. Le même travail est payé de la même manière pendant longtemps alors que les charges familiales se multiplient tous les jours. On dit souvent que le salaire n'est jamais suffisant, plus il augmente plus les besoins aussi augmentent. Et quand un employé avance en âge, sa capacité productive diminue, alors, son service risque de ne plus être sollicité. Quelques années plus tard, il ira à la retraite. C'est en ce moment qu'il va utiliser tout ce qu'il aura mis de côté. Mais lorsqu'il crée une entreprise, plusieurs personnes travailleront pour lui. Son revenu va vite augmenter, sa retraite sera garantie par son entreprise qui lui fera gagner de l'argent jusqu'à la fin de sa vie.

Le contenu de la leçon

L'entreprise est une unité bien organisée qui combine les facteurs de production (travail, capital) en vue de produire des biens et des services.

Elle a un but lucratif puisqu'elle vise à gagner de l'argent. Elle cherche toujours à maximiser son profit.

Elle a un rôle social, puisqu'elle distribue des salaires aux employés, des dividendes aux apporteurs des capitaux, des intérêts aux préteurs de fonds, des impôts, Taxes et des cotisations sociales à l'État.

Elle est aussi un facteur de progrès et de développement économique à travers la création de l'emploi et de la richesse.

La fonction principale des entreprises est la production des biens et des services tandis que leur ressource principale est la vente de leurs produits.

1- Les acteurs au sein de l'entreprise

L'entreprise en tant qu'organisation sociale est formée par trois groupes de personnes, dont les actionnaires, les dirigeants, les employés.

Les actionnaires : Ce sont les apporteurs de capitaux. Ils sont appelés les associés.

Les dirigeants : C'est l'ensemble des décideurs au niveau de la société. Ils constituent la direction.

Les employés : Ce sont les travailleurs de l'entreprise qui exécutent les différentes tâches.

2- Classification des entreprises :

On distingue plusieurs types d'entreprises.

Selon la taille : en se basant sur la taille des entreprises, on a trois types d'entreprises

- Les petites entreprises : elles emploient d'une à neuf personnes.
- Les moyennes entreprises : elles emploient 10 à 499 personnes
- Les grandes entreprises : elles emploient de 500 à plus

Selon le critère juridique : on a les entreprises privées et les entreprises publiques

Les entreprises privées : ce sont des entreprises qui appartiennent aux particuliers. Parmi elles on distingue les entreprises individuelles, les sociétés de personnes et les sociétés de capitaux.

- *Les entreprises individuelles :* ce sont des entreprises où une seule personne fournit à la fois le capital, le travail et la direction. Exemple une boutique, une cabine téléphonique

- *Les sociétés de personnes :* ce sont des sociétés dans lesquelles les associés s'unissent par confiance et mettent en commun leurs ressources pour constituer le capital social. Les parts sociales ne peuvent être ni cédées ni transmises.
- *Les sociétés de capitaux :* ce sont des entreprises qui réunissent les capitaux importants des associés. Elles incluent notamment la société anonyme (SA) et la société à responsabilité limitée (SARL).

Les entreprises publiques : ce sont des entreprises qui appartiennent entièrement ou partiellement à l'État.

- *Entreprises publiques :* ce sont des entreprises dont le capital social appartient à État.
- *Entreprises semi-publiques ou mixtes :* ce sont des entreprises appartenant à la fois à l'État et aux particuliers.

Selon les activités économiques : on distingue plusieurs entreprises dont :

- Les entreprises commerciales : Ce sont des entreprises qui achètent des marchandises et les revendent en état, c'est-à-dire sans aucune transformation.
- Les entreprises industrielles : ce sont des entreprises qui achètent les matières premières et les transforment en produits finis ou semi-finis.
- Les entreprises agricoles : ce sont des entreprises qui évoluent dans le domaine de l'agriculture.
- Les entreprises de communication : Ce sont les téléphonies, les télévisions, les radios, l'internet…
- Les entreprises minières : ce sont celles qui exploitent les ressources minières, etc.

Selon les secteurs d'activité :

- *Les entreprises du secteur primaire :* Ce sont les entreprises qui exercent les activités reposant sur le facteur naturel. Exemple : l'agriculture, l'élevage, l'exploitation minière…
- *Les entreprises du secteur secondaire :* Ce sont les entreprises industrielles qui transforment les matières premières en produits finis.
- *Les entreprises du secteur tertiaire :* Ce sont les entreprises de fourniture de services. Exemple : le commerce, la banque, l'assurance, l'hôtellerie.

Les Coûts des entreprises

Les coûts des entreprises sont l'ensemble des charges qu'elles supportent pendant toute la durée du processus de production des biens ou des services.

Les différents types de coûts

On distingue quatre (4) types de coûts : les coûts fixes, les coûts variables, les coûts directs et les coûts indirects.

Les coûts fixes : Ce sont les charges qui n'évoluent pas en fonction de l'activité de l'entreprise, par exemple le loyer du local qui abrite les bureaux ou l'assurance.

Les coûts variables : Ce sont les charges qui varient en fonction de l'activité de l'entreprise, par exemple les frais de transport, les coûts énergétiques (essence, électricité).

Le coût direct : désigne les matières premières entièrement utilisées pour la production d'un bien spécifique, par exemple le coût d'achat de la farine pour une pâtisserie, les salaires.

Les coûts indirects : Ce sont des charges réparties sur plusieurs exercices de production par exemple les frais d'administration, de marketing, ou de location des locaux.

Les coûts de production :

La fonction de production établit une relation entre les quantités produites et les quantités de facteurs utilisés.

Le coût Total désigne la somme du coût variable et du coût fixe

CT = CV + CF

Le coût moyen CM :

Le coût moyen est le rapport entre le coût total et la quantité de facteurs utilisé.

CM = CT/Q

Coût marginal Cm :

C'est le rapport entre la variation du coût total par rapport à la variation de la quantité des facteurs utilisés

Cm = ΔCT/ΔQ

Exercices de consolidation :

Sujet 1 : Complétez les cases vides du schéma en remplissant les cases par les mots : État, Banque, Clients, Salariés, Fournisseurs, Actionnaires.

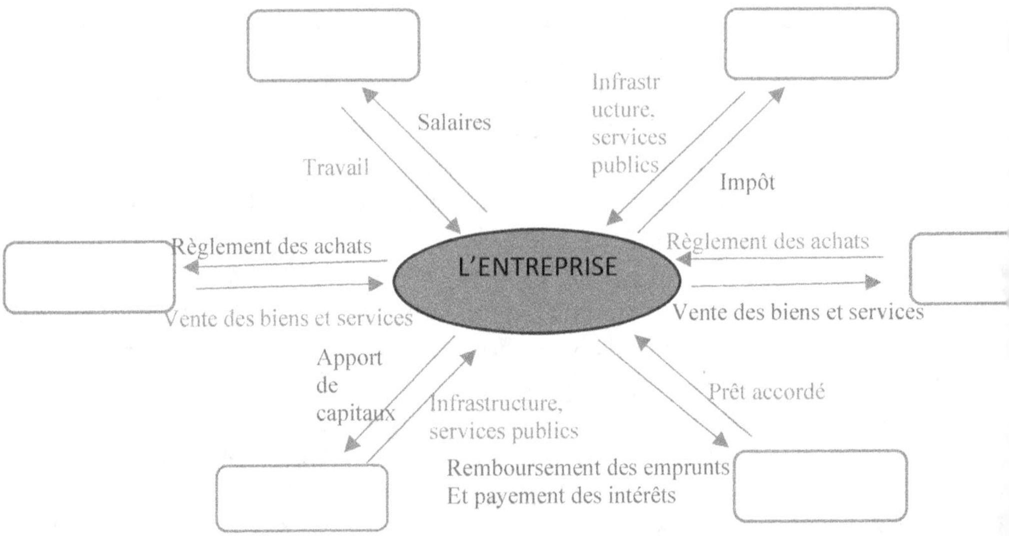

Sujet 2 : Détermine le coût total, le coût moyen et le coût marginal des valeurs dans le tableau ci-dessous

Q	CF	CV	CT	CM	Cm
10	200.000	150.000			
30	350.000		630.000		
55	500.000	420.000			
70		450.000	1.050.000		

Sujet 2 : Cite deux rôles des actionnaires, des dirigeants et des employés au sein de l'entreprise.

	Rôles
Actionnaires	
Dirigeants	
Employés	

Résumé :

L'entreprise est une unité bien organisée qui combine les facteurs de production (travail, capital) en vue de produire des biens et des services.

Classification des entreprises :

On distingue plusieurs types d'entreprises.

Selon la taille : on a

- les petites entreprises
- Les moyennes entreprises
- Les grandes entreprises

Selon le critère juridique : on a

- les entreprises privées :
- Les entreprises publiques :

Selon les activités économiques :

- Les entreprises commerciales
- Les entreprises industrielles
- Les entreprises agricoles
- Les entreprises de communication
- Les entreprises minières

Selon les secteurs d'activité :

- *Les entreprises du secteur primaire*
- *Les entreprises du secteur secondaire*
- *Les entreprises du secteur tertiaire*

La ressource principale des entreprises est la vente de leurs produits

Section 3 : Les administrations

Mise en situation :

Nous avons toujours constaté que lorsqu'il y a l'insécurité dans le pays, on accuse l'État. Lorsque la vie est chère, qu'il n'y a pas d'emploi, que la déserte en eau potable ou en électricité est perturbée, on dénonce la faiblesse de l'État. Lorsque les routes sont dégradées ou que le peuple n'a pas d'information sur ce qui se passe au sein de l'administration, on accuse les membres du gouvernement de corrompus, de voleurs, d'incompétents…

À votre avis, pourquoi pour tous ces problèmes on accuse toujours l'État ?

Il y a un contrat qui lie l'État à sa population. Le peuple élit les dirigeants, il crée les institutions, établit les lois et les règles. Il se soumet à l'autorité de l'État en respectant les lois, la police, les institutions. Il attend de cet État : la sécurité, la justice, les services sociaux de base (l'eau, l'électricité, les routes, les écoles, les hôpitaux…) et surtout l'information sur la gestion publique. Jean-Jacques Rousseau[11] parle du contrat social.

L'article 6 alinéa 3 de la charte africaine sur les valeurs et les principes du service public et de l'administration stipule : « l'administration doit établir des systèmes et procédures effectifs de communication en vue d'assurer l'information du public sur les prestations de service, d'améliorer l'accès des usagers à l'information et de recueillir leurs opinions, suggestions et doléances ».

Le contenu de la leçon

L'administration est un organisme qui s'occupe de la gestion des affaires publiques ou privées. On a donc l'administration publique et l'administration privée.

A- L'administration publique :

L'administration publique est constituée de l'État, des collectivités locales (régions, préfectures, communes…) et de la sécurité sociale.

L'administration peut être définie selon trois approches : l'approche organisationnelle ou formelle, l'approche matérielle ou fonctionnelle et l'approche procédurale.

---

[11] Jean-Jacques Rousseau Philosophe Suisse né le 28 juin 1712 à Genève et mort le 2 juillet 1778.

Selon l'approche organisationnelle ou formelle : l'administration est l'ensemble des autorités, des agents et des structures administratives compétents pour décider ou exécuter des actions d'intérêt général incombant à l'État.

Selon l'approche matérielle ou fonctionnelle : l'administration est l'activité et fonction d'administrer. Elle désigne l'ensemble des activités accomplies par l'État ou sous son contrôle et ayant pour finalité le maintien de l'ordre public et la satisfaction de l'intérêt général.

Selon l'approche procédurale : l'administration est l'ensemble des procédures ou manières de faire par lesquelles les personnes publiques accomplissent les activités et les fonctions de fourniture de biens et services et de maintien de l'ordre public.

De toutes ces définitions, on peut résumer l'administration comme une organisation composée d'un ensemble des services de l'État et des personnels employés au titre de fonctionnaires ou d'agents publics. C'est aussi un ensemble de fonctions et de missions qui obéissent à des règles et à des principes, mais également à des manières et procédures spécifiques.

L'administration est l'ensemble des services et des agents chargés d'assurer la marche des services publics.

La Fonction économique de l'administration (État) :

L'économiste américain Richard Musgrave[12], dans son livre " Théorie des finances publiques parue en 1959", définit le rôle de l'État à travers trois fonctions.

- L'allocation optimale des ressources ou affectation des ressources
- La redistribution des ressources ou répartition
- La régulation du marché ou la stabilisation du marché

La fonction d'allocation des ressources

C'est une fonction par laquelle l'État alloue des ressources aux différents services dans l'accomplissement de leur mission de fourniture de services publics tels que : la justice, la sécurité intérieure et la défense nationale, la mise en place et la maintenance de l'infrastructure du pays (les routes, les ports et les aéroports, les écoles, les hôpitaux et la santé publique),

---

[12] Richard Musgrave est un économiste américain d'origine allemande, spécialiste d'économie publique. Il est né le 14 décembre 1910 en Allemagne et mort le 15 janvier 2007 à Californie, États-Unis.

La fonction de redistribution

La fonction de redistribution est une politique étatique qui vise à réduire les inégalités de revenus entre les ménages d'une même société par le biais des transferts sociaux.

La redistribution se finance grâce à l'impôt (impôt sur le revenu, sur le patrimoine, impôts indirects) et cotisations sociales que l'État prélève sur certains agents économiques ou catégories sociales pour les reverser au bénéfice des ménages nécessiteux.

C'est dans ce cadre que le gouvernement guinéen a créé le 20 mai 2019 l'Agence Nationale d'Inclusion Économique et sociale (A.N.I.E.S) pour soutenir les couches les plus vulnérables de la société.

La redistribution permet non seulement de réduire les inégalités, mais aussi à protéger les individus contre un certain nombre de risques sociaux tels que : la perte d'emploi, les maladies professionnelles, les accidents de travail, l'exclusion sociale, la vieillesse**...**

Les types de redistributions

On distingue deux types de redistributions :

- La redistribution verticale : elle concerne les inégalités de revenu entre les ménages (allocations familiales…)
- La redistribution horizontale : elle concerne la couverture de risques (assurance chômage, couverture des accidents de travail, maladies professionnelles…)

La fonction de régulation

La régulation concerne les défaillances du marché qui sont dues à trois facteurs :

- **Les défaillances dues aux externalités :**

Les externalités sont des impacts négatifs de l'activité économique des industries sur le bien-être de la population. Il peut y avoir des impacts sur la qualité de l'air, les bruits et les vibrations, la pollution perpétuelle, le changement climatique, ainsi que l'impact sur la santé publique de la population.

- **Les défaillances dues aux biens collectifs et communs :**

Les biens produits par l'État qui ont des répercussions sur la concurrence, par exemple, les bus publics pour le transport des élèves et des étudiants dont les tarifs sont moins chers que ceux des bus privés.

- **Les défaillances dues à l'asymétrie d'information :**

L'asymétrie d'information est la situation dans laquelle certains acteurs ont moins d'informations sur le marché que d'autres. Le marché public doit être ouvert à tout le monde, les cahiers de charge établis à cet effet doivent être accessibles à tous.

Les ressources principales de l'administration :

Les ressources principales de l'administration sont composées des recettes fiscales (impôts et taxes) et des recettes non fiscales (ressources issues de l'exploitation minière, de la pêche...).

B- **L'administration privée :**

Ce sont des organismes privés à but non lucratif comme : les associations, les syndicats, les partis politiques, les ONG…

Leur fonction principale est la fourniture des services non marchands et leurs ressources principales sont : les cotisations des membres, les subventions et les dons.

Exercices de consolidation :

Sujet 1 : Quel est le rôle des mairies dans le développement de la collectivité ?

Sujet 2 : Que signifie l'expression « l'État, c'est la continuité ? »

Résumé :

L'administration est un organisme qui s'occupe de la gestion des affaires publiques ou privées. On a donc l'administration publique et l'administration privée.

L'administration publique est constituée de l'État, des collectivités locales (régions, préfectures, communes…) et de la sécurité sociale. Ses ressources principales sont composées des recettes fiscales (impôts et taxes) et des recettes non fiscales (ressources issues de l'exploitation minière, de la pêche...).

Administration privée comprend les associations, les syndicats, les partis politiques, les ONG… Sa ressource principale est la cotisation de ses membres.

Section 4 : Les institutions financières

Mise en situation

Sabou SARL est une entreprise agro-industrielle qui veut élargir ses activités de transformation et de conservation des produits agricoles tels que : la mangue, la banane, l'ananas, la pomme de terre, le manioc, etc. Il lui faut trois camions pour transporter les produits qu'elle achète au sud du pays dans la région forestière jusque dans la capitale où se trouve l'usine. Puisqu'elle a dépensé toutes ses ressources dans l'achat des nouvelles machines et les matières premières, elle se trouve dans un besoin de financement.

En tant qu'économiste, elle vous demande « que puis-je faire pour acheter les trois camions qu'il me faut ? ».

Les entreprises peuvent financer leurs activités ou leurs dépenses grâce aux fonds qu'elles empruntent auprès des banques. Non seulement les banques gardent l'argent de ses clients, elles leur donnent également des crédits pour financer leurs dépenses d'achat et d'investissements dans les différentes activités.

Le contenu de la leçon

Les institutions financières sont des établissements publics ou privés qui assurent les missions économiques et fournissent des services financiers à leurs clients. Elles sont détentrices d'un agrément délivré par la banque centrale pour garantir l'exercice de leurs activités.

Presque tout le monde traite avec les institutions financières, que ce soit pour déposer de l'argent, demander un prêt ou échanger des devises.

Les types d'institutions financières

On distingue deux types d'institutions financières : les institutions financières bancaires et les institutions financières non bancaires.

Les institutions financières bancaires : elles comprennent les banques commerciales, les caisses d'épargne. Elles facilitent la circulation des fonds dans les différents secteurs économiques.

Les institutions financières non bancaires : les banques d'investissement, les sociétés de courtage en valeurs, les sociétés de crédit-bail…

La fonction principale

Les institutions financières jouent un rôle essentiel au sein du système financier de chaque pays, leur fonction principale est le financement des activités économiques. Elles fournissent des services d'intermédiation financière.

La ressource principale

La ressource principale des institutions financières est l'intérêt perçu sur les prêts accordés aux clients.

Exercices de consolidation :

Sujet 1 : Quel est le rôle des banques dans un pays ?

Sujet 2 : Travail de groupe

Pour savoir comment fonctionne une microfinance ou une caisse d'épargne vous irez, enquêter dans la microfinance la plus proche. Vous ferez l'interview avec l'un des responsables. Vous poserez les questions suivantes :

- Quel est l'objectif visé par votre établissement ?
- Quels sont les avantages d'ouvrir un compte dans votre établissement ?
- Qui peut ouvrir un compte dans votre établissement ?
- Quelles sont les conditions d'ouverture de compte ?
- Quels sont les types de comptes ?
- Comment fonctionne un compte tontine ?

Résumé :

Les institutions financières sont des établissements publics ou privés qui assurent les missions économiques et fournissent des services financiers à leurs clients. Elles sont détentrices d'un agrément délivré par la banque centrale pour garantir l'exercice de leurs activités.

On distingue deux types d'institutions financières : les institutions financières bancaires et les institutions financières non bancaires.

La fonction principale des institutions financières est le financement des activités économiques. Leurs ressources principales sont l'intérêt perçu sur les prêts accordés aux clients.

Section 5 : Les sociétés d'assurance

Mise en situation

Kerfala est un chauffeur, il travaille au ministère de l'Éducation nationale. Après 22 ans de service, il a fait un accident pour la première fois de sa carrière. Selon les médecins, il doit être amputé de la jambe droite, mais il n'a pas les moyens pour payer les frais d'hospitalisation. Pire encore, il ne pourra plus continuer son travail de chauffeur du Directeur communal de l'éducation.

À votre avis, comment peut-il s'en sortir ?

Grâce à ses cotisations sociales, il sera pris en charge par l'État. Par exemple en Guinée, l'État a créé la Caisse Nationale de la Sécurité Sociale C.N.S.S, la Caisse Nationale de la Prévoyance Sociale C.N.P.S et l'Institut National d'Assurance Maladie Obligatoire I.N.A.M.O pour les travailleurs du secteur public et privé afin de couvrir les risques professionnels inhérents à leur intégrité physique : l'accident de travail, la maladie professionnelle, la retraite, la perte d'emploi…

Le contenu de la leçon

Les sociétés d'assurance sont des établissements qui garantissent à leurs clients le paiement d'un montant en cas de risque (danger). Leur principe d'assurance est basé sur la notion de risque, c'est-à-dire, lorsque le client est exposé à un danger potentiel ou ses biens, pendant qu'il ne peut en supporter les conséquences financières. Lorsque le risque est susceptible de se produire, mais on ne sait pas s'il se produira et quand il se produira.

L'assurance quant à elle, est un contrat de prestation précise établi entre un assureur et un assuré en cas de production d'un risque clairement identifié dans le contrat en contrepartie du versement d'une cotisation, aussi appelée prime.

L'assurance porte sur des événements aléatoires et elle est définie par trois critères : le futur, l'incertain, et l'involontaire.

Différents types d'assurances

On distingue les assurances de dommages et les assurances de la personne

1- Les assurances de dommages

Les assurances de dommages reposent sur la réparation du dommage causé soit par l'indemnisation (quand les préjudices sont portés sur une personne) et par remplacement ou réparation quand le dégât est un matériel). Elles regroupent à la fois l'assurance de responsabilité et l'assurance de bien.

a- L'assurance de responsabilité comprend la responsabilité civile familiale, responsabilité la civile du conducteur, la responsabilité professionnelle…

b- L'assurance de biens vise à protéger le patrimoine de l'assuré contre les risques d'incendie, de vol, de calamités (catastrophes naturelles, attentats…).

Elle comprend : l'assurance des biens meubles et immeubles, des dommages causés aux véhicules…

2- Les assurances de la personne

La Caisse Nationale de la Sécurité Sociale C.N.S.S, la Caisse Nationale de la Prévoyance Sociale C.N.P.S et l'Institut National d'Assurance Maladie Obligatoire I.N.A.M.O sont des organismes à but non lucratif qui couvrent les risques professionnels liés à l'intégrité physique des travailleurs : l'accident de travail, la maladie professionnelle, la retraite, la perte d'emploi…

Elles permettent la constitution d'une épargne et le versement de celle-ci sous forme de rente ou de capital : la pension de retraite, la pension de réversion en cas de décès de l'assuré pendant la période d'activité, la pension de réversion en cas de décès de l'assuré pendant la retraite, la pension d'invalidité, l'indemnité de l'accident de travail et la maladie professionnelle.

La fonction principale des assurances est la couverture des risques et leur ressource principale est la prime contractuelle versée par les clients.

Exercices de consolidation :

Sujet 1 : Quelle est l'importance des sociétés d'assurance dans un pays ?

Sujet 2 : Travail de groupe

Pour savoir comment fonctionne une société d'assurance, vous irez enquêter dans la société d'assurance la plus proche. Vous ferez l'interview avec l'un des responsables. Vous poserez les questions suivantes :

- Quel est l'objectif visé par votre société ?
- Quels sont les avantages d'une assurance ?
- Qui peut être client de votre société ?
- Quelles sont les conditions d'assurance ?
- Quels sont les types d'assurance que vous faites ?

Résumé :

Les sociétés d'assurance sont des établissements qui garantissent à leurs clients le paiement d'un montant en cas de risque. Leur principe d'assurance est basé sur la notion de risque, c'est-à-dire, lorsque le client est exposé à un danger potentiel ou ses biens, pendant qu'il ne peut en supporter les conséquences financières.

L'assurance porte sur des événements aléatoires et elle est définie par trois critères : le futur, l'incertain, et l'involontaire.

On distingue les assurances de dommages et les assurances de la personne

La fonction principale des assurances est la couverture des risques et leur ressource principale est la prime contractuelle versée par les clients.

Section 6 : L'extérieur ou le reste du monde

Mise en situation

Aucun pays ne peut se développer en étant fermé sur lui-même, les pays puissants ont besoin des pays pauvres et vice-versa.

En tant qu'économiste, comment expliquez-vous cette affirmation ?

Les pays pauvres sont généralement peu industrialisés, alors, que feront-ils des minerais de fer, de bauxite, des gisements de pétrole, du cuivre, du manganèse, d'uranium... si ces pays n'ont aucun moyen de les transformer en produit fini ? Ces pays dits pauvres ou en développement sont obligés de vendre leurs matières premières aux pays industrialisés qui sont en quête de matière première. En retour, les pays industrialisés ne peuvent continuer de produire que lorsqu'ils ont des marchés pour faire écouler leurs produits. Grâce à l'échange, les pays tissent des relations de partenariat gagnant-gagnant.

Le contenu de la leçon

L'économie nationale entretient de nombreuses relations avec l'extérieur. Par le commerce international des biens et services, par les flux internationaux financiers et les relations monétaires, les économies des différents pays se relient étroitement les unes aux autres.

a- Les relations commerciales:

La politique commerciale d'un pays concerne les importations et les exportations entre l'économie nationale et les autres pays.

Le commerce international permet aux pays d'exporter des biens qu'ils ont la capacité de produire massivement et d'importer les biens qu'ils ne produisent pas suffisamment. De même, le commerce international permet aux pays de se spécialiser dans un registre de production leur permettant d'être efficients grâce aux économies d'échelle.

Les relations commerciales sont renforcées grâce à la politique douanière qui vise à faciliter la circulation de marchandises entre les États. Elle peut se passer de trois manières :

- Les pays peuvent décider de diminuer les tarifs douaniers entre eux, dans ce cas on parlera de la zone de préférence douanière.
- Les pays peuvent supprimer tous les tarifs douaniers entre eux, dans ce cas on parlera de zone de libre-échange.
- Les pays peuvent unifier leurs droits de douane en adoptant le même tarif ; on parlera de l'union douanière.

b- Les relations financières:

Elles concernent le financement des projets d'investissement dans le pays par les partenaires au développement (les institutions financières internationales, les bailleurs de fonds...).

Le financement international peut être direct ou indirect.

Le financement international direct :

Le financement international est dit direct, lorsqu'il se passe entre États sans intermédiaire financier.

Le financement international indirect :

Le financement international est indirect lorsqu'il se passe à travers un intermédiaire financier comme la Banque Mondiale, le FMI, la BAD.

c- Les relations monétaires:

Il est important de savoir que l'économie mondiale est constituée des économies nationales reliées entre elles également par les relations monétaires. L'échange monétaire international obéit aux règles internationales appelées système monétaire international. Le SMI permet de faciliter le mouvement des capitaux, l'échange d'une monnaie nationale contre une devise, ou une devise contre une autre. Le système de change peut-être fixe ou flottant.

On peut retracer ces relations entre l'économie nationale et l'extérieur à partir du schéma ci-dessous.

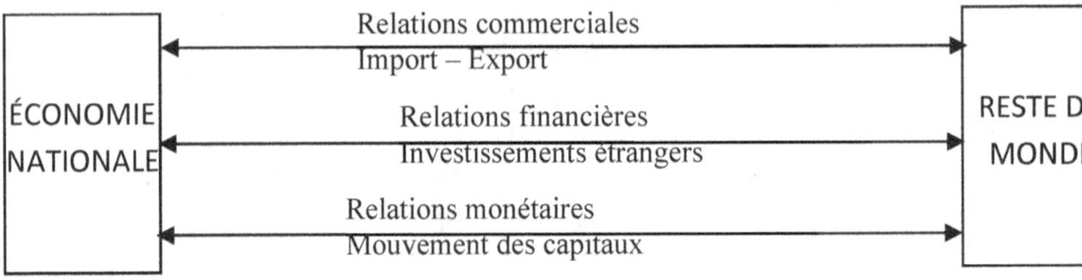

Exercices de consolidation :

Sujet 1 : Place la bonne réponse : L'importation et l'exportation

Elle est l'expédition des marchandises par une entreprise établie en Guinée vers d'autres pays

Elle est introduction des marchandises en Guinée en provenance d'autres pays

Sujet 2 : À l'aide des exemples concrets, expliquez les relations qui lient la Guinée au Mali.

Sujet 2 : Entre l'importation et l'exportation quelle est la plus importante pour un pays et pourquoi ?

Résumé :

L'économie nationale entretient de nombreuses relations avec d'autres économies des différents pays du monde appelés l'extérieur. Elles sont liées entre elles par le commerce international des biens et services, les flux internationaux financiers et les relations monétaires.

CHAPITRE VI

LES ÉCHANGES

La division sociale du travail et la spécialisation dans les activités permettent aux hommes de satisfaire leurs besoins à travers l'échange.

L'échange est une opération au cours de laquelle on reçoit la contrepartie de ce qu'on donne. Il s'effectue sur le marché

Section 1 : le marché

Mise en situation :

Un jardinier voué entièrement à son travail multiplie sa production de piment. Il a récolté 970 sacs de piment pour cette année. Arrivé à la maison tout joyeux, il trouve que son premier garçon est renvoyé de l'école pour le non-paiement des frais de scolarité, les chaussures que sa fille porte pour aller à l'école sont gâtées, en même temps sa femme lui annonce que la dépense de nourriture du mois est finie, en fin, un agent de la société d'électricité lui tend la facture d'électricité.

Selon vous que doit faire ce jardinier pour résoudre les problèmes de sa famille ?

Où peut-il échanger son produit contre de l'argent ?

Nous savons que le troc est plus ou moins révolu, comme il ne peut pas donner le piment pour payer la facture d'électricité, ni les frais de scolarité de son enfant, ni le manger de la famille, alors, il doit donc vendre ses sacs de piment pour pouvoir régler ses différentes dépenses. Avec l'argent, on peut acheter toute sorte de marchandise et régler les dettes.

L'échange des produits contre de l'argent ou tout simplement la vente se fait sur le marché. Le marché est donc l'endroit où il peut facilement échanger ses produits contre l'argent.

Le contenu de la leçon

Les besoins sont multiples et diversifiés, personne ne peut produire tout ce dont elle a besoin, il faut échanger avec d'autres personnes.

Par définition, l'échange est une opération par laquelle on reçoit la contrepartie de ce qu'on donne. Exemple, dans le commerce, le vendeur reçoit de l'argent en contrepartie de la marchandise qu'il vend.

On peut définir le marché selon plusieurs optiques :

Selon l'optique géographique, le marché est un lieu où se rencontrent les offreurs et les demandeurs pour échanger à un prix consensuel. Exemple : le marché de Matoto

Selon l'optique économique, le marché est une activité économique au cours de laquelle les offreurs et les demandeurs acceptent d'échanger les biens et services dont dispose chacun moyennant un prix. Exemple le commerce.

Selon l'optique juridique, le marché est un contrat établi entre deux ou plusieurs personnes dont les clauses sont clairement définies et acceptées par toutes les parties.

Exemple : le contrat de travail

Les types de marchés : On distingue plusieurs types de marchés.

Selon l'optique géographique : on a le marché local, le marché régional, le marché national

Le marché local : c'est un marché qui couvre une localité et prend souvent le nom de la localité. Exemple le marché de Yimbaya, de Koloma.

Le marché régional : c'est un marché qui couvre une région donnée et prend le nom de la région. Exemple : le marché de Kankan, le marché de Labé.

Le marché national : c'est l'ensemble des marchés du pays. Exemple le marché guinéen, le marché malien.

Selon l'optique économique : on a le marché de biens et services, le marché de travail, le marché des capitaux

Le marché de biens et services : C'est un marché sur lequel s'échangent les biens et les services

Le marché de travail : C'est un marché sur lequel se rencontrent l'offre de travail et la demande de travail. L'offre de travail est le fait des ménages et la demande de travail est le fait des entreprises. L'offre d'emploi émane des entreprises tandis que la demande d'emploi émane des ménages.

L'offre de travail s'accompagne toujours d'un contrat de travail.

Le contrat de travail est un écrit par lequel une personne s'engage à mettre son activité à la disposition d'une autre, et accepte de se mettre sous sa subordination moyennant une rémunération.

Trois éléments décrivent la relation contractuelle :

1. La prestation de travail ou fourniture de travail : c'est la tâche que s'engage à fournir le salarié ; l'activité physique, intellectuelle ou artistique.
2. La rémunération : elle représente la contrepartie de la prestation de travail fourni. Le contrat de travail est un contrat onéreux,
3. Le lien de subordination : c'est l'employeur qui commande et qui donne les ordres, il a droit à l'obéissance et au respect.

Les types de marchés de travail

On distingue deux types de marchés de travail :

Le marché interne **:** il concerne les emplois les plus stables et repose sur des perspectives de carrière par la promotion à l'interne. Exemple le recrutement interne.

Le marché externe **:** il rassemble les emplois soumis à la concurrence et au libre fonctionnement du marché. Ce sont les offres d'emploi qui sont ouvertes à tous les candidats et les annonces passent par la publication dans les médias.

La fluctuation du marché :

La relation qui existe entre l'offre et la demande n'est pas toujours constante. Tantôt l'offre est supérieure à la demande, tantôt c'est la demande qui est supérieure à l'offre. Le prix étant lié à l'offre et à la demande, ce changement fait varier le prix, on dit que le marché est instable. La variation du prix est appelée fluctuation du marché.

Variation du prix	**Offre**	**Demande**
Lorsque le prix augmente	Augmente	Diminue
Lorsque le prix diminue	Diminue	Augmente

La demande est une fonction décroissante du prix

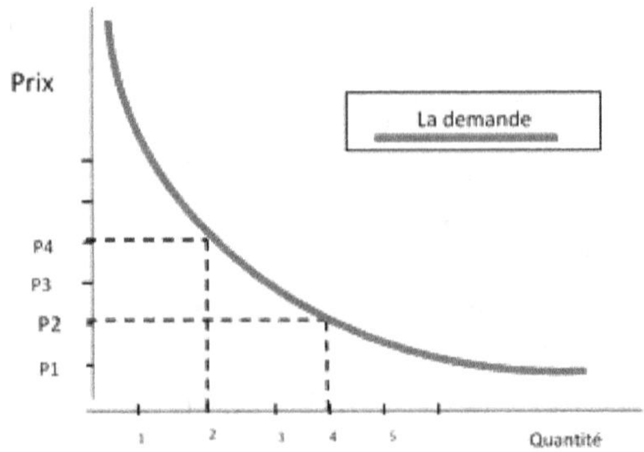

L’offre est une fonction croissante du prix

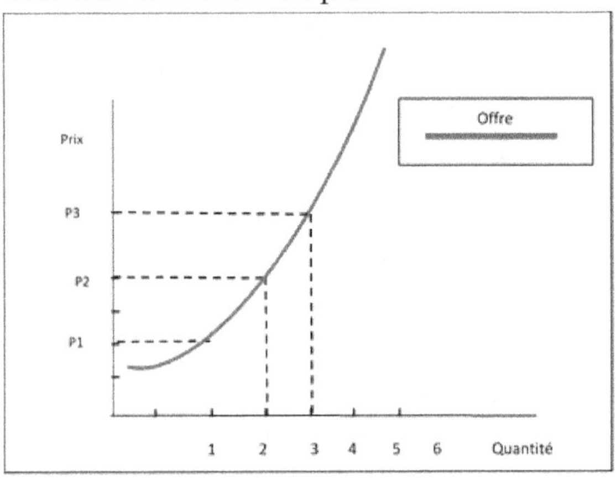

Exercices de consolidation :

Sujet 1 : Quels sont les types de marchés rencontrés dans votre commune ?

Sujet 2 : Dites le type de marché dans chacun des cas suivants :

- Exploitation de la bauxite en Guinée ;
- Recrutement d’agents comptables par un cabinet d’expertise.
- Importation des véhicules de fonction par le gouvernement guinéen

Résumé :

L’échange est une opération par laquelle on reçoit la contrepartie de ce qu’on donne. Il se réalise sur le marché. On peut définir le marché selon plusieurs optiques.

Selon l'optique géographique, le marché est un lieu où se rencontrent les offreurs et les demandeurs pour échanger à un prix consensuel.

Selon l'optique économique, le marché est une activité économique au cours de laquelle les offreurs et les demandeurs acceptent d'échanger les biens et services dont dispose chacun moyennant un prix.

Selon l'optique juridique, le marché est un contrat établi entre deux ou plusieurs personnes dont les clauses sont clairement définies et acceptées par toutes les parties.

La fluctuation du marché :

La relation qui existe entre l'offre et la demande n'est pas toujours constante. Tantôt l'offre est supérieure à la demande, tantôt c'est la demande qui est supérieure à l'offre. Le prix étant lié à l'offre et à la demande, ce changement fait varier le prix, on dit que le marché est instable. La variation du prix est appelée fluctuation du marché.

Section 2 : la marchandise et le prix

Mise en situation :

Notre jardinier, père de famille veut vendre ses 970 sacs de piment pour régler les problèmes de dépense de sa famille. Il arrive au grand marché de la ville dans une camionnette remplie de sacs de piment. Il trouve beaucoup d'autres personnes qui sont venues vendre leurs produits (manioc, fonio, habits…). Sur les lieux il y a également d'autres personnes venues acheter les produits. Ils défilent devant les tables pour trouver les produits de leurs choix.

Selon vous, quels sont les acteurs de ce marché ?

Dans quelles conditions peuvent-ils échanger ?

Sur un marché, il y a ceux qui viennent avec les marchandises pour les vendre à un prix dans le but de gagner des bénéfices. Ce sont les vendeurs ou commerçants, ils apportent les marchandises sur le marché. Et d'autres viennent pour acheter des produits en fonction de leurs besoins et de leurs moyens. Ce sont les acheteurs ou les clients, ils apportent de l'argent sur le marché. Sans eux (vendeurs et acheteurs) il n'y a pas de marché. Ce sont les deux principaux acteurs du marché. L'État est aussi un acteur, mais le plus souvent, on ne se rappelle de sa présence que lorsqu'il y a conflit, un problème entre les vendeurs et les acheteurs. L'État joue le rôle d'arbitre.

Les vendeurs et les acheteurs ne peuvent échanger que lorsqu'ils se mettent d'accord sur un prix d'échange.

Le contenu de la leçon

A- La marchandise :

La marchandise est l'ensemble des produits (biens et services) destinés au marché pour être vendus à un prix. Elle représente tout ce qui est en vente. Exemple : les cahiers, les téléphones, les véhicules, les maisons, etc.

Les propriétés d'une marchandise :

Les propriétés de la marchandise reposent sur sa valeur. La valeur d'une marchandise résulte d'une double considération : celle du besoin et celle de la rareté. Donc on distingue deux types de valeur : la valeur d'usage et la valeur d'échange.

Valeur d'usage : c'est l'utilité qu'on peut retirer de la marchandise, elle est liée au besoin.

Valeur d'échange : c'est la valeur à laquelle on est disposé à céder la marchandise contre la monnaie ou un autre bien. C'est le prix. Elle est liée à la rareté.

B- Le prix :

Le prix d'une marchandise est la valeur de cette marchandise exprimée en unité monétaire. Autrement dit, le prix d'une marchandise est la quantité de monnaie qu'il faut pour l'avoir.

Le prix et le gain sont deux notions qui sont généralement liées. Le prix de vente d'une marchandise est déterminé en tenant compte des frais (production ou achat, transport, taxes…) et de l'avantage procuré de l'échange, c'est le bénéfice.

Prix = coûts + avantage.

L'avantage est perçu grâce au capital et au travail.

Les types de prix:

Il existe plusieurs types de prix, on a entre autres :

Le prix d'achat : c'est le prix auquel on acquiert une marchandise donnée auprès du vendeur.

Le prix de revient : c'est le prix auquel on achète la marchandise plus les frais (transport, taxes, frais de livraisons, assurance, etc.)

Le prix de vente : c'est le prix auquel on est prêt à céder la marchandise. On le calcule en ajoutant aux prix de revient, le bénéfice.

Exercices de consolidation :

Sujet 1 : Le prix d'achat d'une marchandise est de 235 000 f, le transport est de 15 000 f et son prix de vente hors taxe est de 295 000 f.

Calculer le Bénéfice.

Sujet 2 : Le bénéfice d'une marchandise est de 120 000 f. Son prix de revient s'élève à 598 000 f. Calculer le prix de vente hors taxe de cette marchandise.

Sujet 3 : Un commerçant achète une marchandise à 4 500 000 f hors taxe. Ses frais de livraison sont à 100 000 f. l'assurance est 3 % du prix d'achat. Le commerçant veut un bénéfice de 35 %.

1. Calculer le coût de revient de la marchandise.
2. Calculer le prix de vente de la marchandise.

Sujet 4 : Pour l'achat de fournitures scolaires, un commerçant bénéficie de son fournisseur de 5 % de remise, il paye à la caisse le montant de 5 200 000 f.

1. Quel est le prix d'achat de la marchandise ?
2. Calculer le montant de la remise accordée.

Sujet 5 : Un commerçant passe une commande d'un lot de 225 paires de chaussures dont le prix d'achat net est de 18 000 000 f. Les frais de livraison représentent 6,8 % du prix d'achat net.

1. Calculer le montant des frais de livraison.
2. Calculer le coût d'achat de la marchandise.
3. Calculer le prix de vente d'une paire de chaussures s'il souhaite avoir un bénéfice de 35 % du coût d'achat.

Résumé :

La marchandise est l'ensemble des produits destinés au marché pour être vendus à un prix. Elle représente tout ce qui est en vente. Elle a deux valeurs : la valeur d'usage et la valeur d'échange.

Le prix d'une marchandise est la quantité de monnaie qu'il faut pour l'avoir. C'est sa valeur d'échange.

On a plusieurs types de prix :

Le prix d'achat : c'est le prix auquel on acquiert une marchandise donnée auprès du vendeur.

Le prix de revient : c'est le prix auquel on achète la marchandise plus les frais (transport, taxes, frais de livraisons, assurance, etc.)

Le prix de vente : c'est le prix auquel on est prêt à céder la marchandise. On le calcule en ajoutant aux prix de revient, le bénéfice.

Section 3 : la monnaie

Mise en situation :

Avant de poser les questions, le maître a rappelé qu'à l'époque primitive, les échanges se faisaient "bien contre bien".

Fatou a une quantité supplémentaire de sel, mais elle veut du piment pour sa sauce, à votre avis, que doit-elle faire pour avoir le piment ?

Boubacar est un commerçant il a échangé 2 moutons contre 9 sacs de riz, selon vous quel est son bénéfice ?

Yassine est un éleveur, il n'a que des moutons. Il veut avoir un Coq pour un sacrifice rituel, à votre avis, combien de Moutons peut-il donner pour avoir un seul Coq ?

Les marchandises constituent la richesse. Tamba a récolté dans sa plantation 17 tonnes de bananes. Content de ce résultat, il a décidé de garder 7 tonnes de bananes en héritage pour ses enfants dans un magasin qu'il a lui-même fermé à clé. Selon vous, dans 5 ans, quand les enfants seront majeurs, et qu'ils voudront ouvrir le magasin pour prendre leur héritage qu'est-ce qu'ils trouveront ?

Lorsque Fatou donne 5 kg de riz à Aicha contre 3 kg de fonio, et que les autorités demandent à ce que les vendeurs payent la taxe, selon vous qui de Fatou et d'Aicha devrait payer la taxe ?

Comme le troc est l'échange des biens et services contre les biens et services, notre planteur Tamba a appris qu'il y a une villa à vendre à Kipé Centre émetteur, alors il commence à faire ses calculs. Selon vous combien de bananes lui faut-il pour échanger contre cette villa ?

À cette époque primitive, plusieurs problèmes étaient liés au troc :

***Problème de double coïncidence* :**

Pour que Fatou qui a du sel puisse l'échanger contre le piment, il faut qu'elle trouve obligatoirement une autre personne qui a du piment et qui souhaite à son tour avoir du sel. Les difficultés liées à la rencontre de deux agents économiques ayant simultanément envie d'échanger les biens ou les services dont disposent les uns et les autres rendent le troc caduc.

Le problème de calcul économique et de comparaison de valeur :

Le commerçant Boubacar qui a échangé 2 moutons contre 9 sacs de riz, ne peut calculer ni son bénéfice ni le rendement, etc., puisse qu'il a donné des marchandises pour recevoir des marchandises en retour.

Puisque, certaines marchandises sont indivisibles, il est impossible pour Boubacar d'échanger ses moutons contre un seul coq.

Les difficultés liées à la détermination du taux auquel un bien A doit s'échanger contre un bien B ou d'effectuer les calculs économiques rendent le troc difficile.

Problème lié à la conservation de valeurs :

Les marchandises constituent la richesse, elles peuvent être échangées ou vendues, mais elles ne peuvent être gardées longtemps. Les manufactures ont une date de péremption, les produits pharmaceutiques ont une date d'expiration, les engins s'amortissent, les produits agricoles pourrissent… Alors les héritiers de Tamba ne profiteront pas de cette richesse.

Difficultés de distinction entre le vendeur et l'acheteur :

Lorsque Fatou donne le riz à Aicha contre le fonio, elles sont toutes deux vendeuses parce qu'elles donnent toutes deux, des marchandises, mais elles reçoivent aussi des marchandises alors elles sont aussi des acheteuses.

Problème de transaction :

Puisque les marchandises sont encombrantes difficiles à transporter et à conserver, Tamba, le planteur de bananes, ne pourra pas échanger ses bananes contre une villa.

L'ensemble de ces problèmes liés au troc donna l'idée aux hommes pour la première fois de frapper des pièces de monnaie en métal précieux vers 650 av. J.-C..

Le contenu de la leçon

1- Définition :

Définition 1 : La monnaie est l'ensemble des moyens légaux de paiement dont disposent les agents économiques pour régler leurs différentes transactions.

Définition 2 : La monnaie est unité de référence commerciale d'un pays ou d'un ensemble de pays matérialisée par des billets, les pièces et les comptes bancaires.

Définition 3 : Selon François PERROUX « la monnaie est un instrument de paiement indéterminé, général et immédiat. Indéterminé par ce qu'elle doit permettre de payer n'importe quelle dette ; général par ce qu'elle doit être admise en tout lieu à tout moment et par tout le monde ; et immédiat par ce que son transfert doit permettre de régler instantanément et de manière efficace les achats des dettes »

2- Historique

L'Histoire de la monnaie a commencé depuis 650 av. J.-C.. Mais bien avant cette date, dans la société primitive, les hommes faisaient leurs échanges commerciaux à l'aide d'un système appelé "troc". Nous pouvons définir le troc comme un système de commerce dans lequel l'opération fondamentale consiste à échanger les biens et services contre les biens et services.

Dans le monde contemporain, l'accroissement démographique et la civilisation humaine ont favorisé une augmentation considérable du volume des échanges. C'est ainsi que le troc est devenu caduc, donc un blocage à l'épanouissement du commerce.

Plusieurs problèmes étaient liés au troc, dont le problème de double coïncidence, le problème de calcul économique et de comparaison de valeur, le problème lié à la conservation de valeurs, les difficultés de distinction entre le vendeur et l'acheteur, le problème de transaction... L'ensemble de ces problèmes liés au troc donnèrent l'idée aux hommes pour la première fois de frapper des pièces de monnaie en métal précieux vers 650 av. J.-C. autour de la mer Égée[13]

comme les valeurs de ces pièces d'or, autrement dit leurs poids, étaient garanties par le roi ou une association de marchands, ces pièces pouvaient être échangées contre des marchandises (bestiaux, céréales,).

---

[13] *La mer Égée, annexe de la Méditerranée orientale située entre la Grèce et la Turquie*

Les premières pièces étaient frappées à l'effigie des cités et portaient l'emblème du roi afin de rassurer les utilisateurs de leur valeur.

En 269 av. J.-C., les Romains installèrent leur atelier de frappe des pièces de monnaie dans le temple de la déesse Junon, protectrice du foyer, surnommée *« **Moneta** »* (du latin *monere*, qui signifie conseiller), de là découle l'appellation donnée aux pièces, que nous appelons *monnaie*.

S'agissant de la monnaie internationale, il faut noter que la première monnaie internationale fut créée à Vienne. En 1750, l'impératrice Romaine Marie Thérèse Thaler[14] faisait frapper sa monnaie le *thaler* en or à son effigie. Thaler qui se prononce *Dala* dont la déformation donne le Dollar.

Le Dollar est très vite devenu une monnaie internationale très prise dans les colonies espagnoles et anglaises d'Amérique, et jusqu'en Afrique orientale.

En Guinée, dans les régions forestières au sud de la savane circulait la monnaie de fer appelée le Guinzé (Baguette de fer doux). La monnaie de la communauté "Toma" une ethnie attachée à la culture. Cette barre de fer non corrosif qui avait les caractéristiques d'une monnaie était acceptée de tous pour régler les échanges dans la communauté.

Tout comme les Cauris, le Guinzé avait un usage rituel et magique. Ils s'échangeaient localement contre toute autre marchandise.

Quelques échelles de valeurs étaient établies dans les transactions commerciales.

- ✓ Une gourde d'huile de 15 à 20 litres équivalait à 5 Guinzé.
- ✓ Une mesure de 30 kg de riz valait 1 Guinzé.
- ✓ Un esclave était libéré contre le paiement de 7 Guinzé.
- ✓ La dote de fiançailles valait 2 Guinzé.

Il se présentait comme suit :

Le Guinzé

En ce qui concerne l'histoire de la monnaie Guinéenne, nous dirons que cela a visiblement débuté le 29 février 1960 avec la création de la

---

14 *Marie-Thérèse, impératrice romaine, reine de Hongrie et de Bohême, archiduchesse d'Autriche, duchesse de Bourgogne, comtesse du Tyrol.*

banque de la République de Guinée (B.R.G) et l'émission des premiers billets le 1er mars de la même année, soit un an et demi après l'accession du pays à l'indépendance politique le 2 octobre 1958.

La monnaie guinéenne dans son évolution a changé trois fois de nom. D'abord franc guinéen au 1er mars 1960 puis Syli à partir du 2 octobre 1972 et elle redevient le franc guinéen après l'avènement de la 2e République avec le sigle GNF (Nouveau Franc Guinéen) de l'anglais Guinea New Franc à partir du 1er janvier 1986.

3- Les formes de la monnaie :

On distingue principalement trois formes de monnaie :

*a- **Monnaie divisionnaire :***

La monnaie divisionnaire est aussi appelée monnaie métallique. Elle est la plus ancienne forme de monnaie, elle est l'ensemble des pièces émises ou frappées par le Trésor public. On parle de monnaie "*divisionnaire*", car elle permet aux agents économiques de régler des achats de faible valeur.

*b- **Monnaie fiduciaire :***

La monnaie fiduciaire est la monnaie papier, elle est l'ensemble des billets émis par la Banque Centrale. Elle remplace ou complète la monnaie métallique dans les échanges commerciaux. Le mot fiduciaire vient de fiducia du latin qui signifie confiance.

L'expression confiance vient du fait que sa valeur faciale est supérieure à sa valeur "*réelle*". Contrairement aux pièces d'or dont les valeurs étaient mesurées par leurs poids, les papiers (billets) n'ont aucune valeur réelle. C'est une monnaie à laquelle on fait confiance à l'émetteur.

*c- **Monnaie scripturale :***

La monnaie scripturale peut se définir comme l'ensemble des dépôts à vue des agents en capacité de financement auprès des établissements bancaires et financiers. Ce sont les comptes en banque. Le mot scriptural vient du mot scriptus, du latin qui signifie "écriture", alors on dira tout simplement la monnaie « en écriture ». Elle circule d'un compte à un autre par simple jeu d'écritures, manuelles ou électroniques, grâce à des supports tels que le chèque, le virement, la carte bancaire…

4- Les fonctions de la monnaie :

On distingue trois fonctions de la monnaie

La fonction d'intermédiaire d'échange : La monnaie sert à faciliter et à accélérer les échanges.

La fonction d'unité de compte : La monnaie permet aux agents de faciliter les calculs économiques et la comparaison de valeur. Elle permet de déterminer les prix des marchandises.

La fonction de réserve de valeur : La monnaie est un instrument qui permet à un agent économique d'épargner progressivement une partie de ses ressources pour effectuer des dépenses programmées dans le long terme.

Exercices de consolidation :

Sujet 1 : Pourquoi la Guinée a-t-elle remplacé en 1972, le franc guinéen par le Syli ?

Sujet 2 : Pourquoi le syli a-t-il été remplacé par le franc guinéen en janvier 1986 ?

Les types de billets qui ont circulé en Guinée

Émission 1er mars 1960

Recto | **Verso**

Émissions 1980

Recto

Verso

Émissions 6er janvier 1986

Recto

Verso

Émissions 1998

Recto

Verso

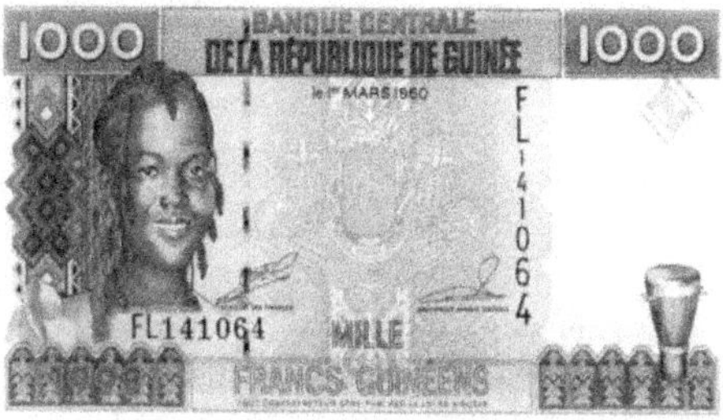

Émission 2008

Recto **Verso**

Émission 2010

Recto

Verso

Émission 2015

Recto **Verso**

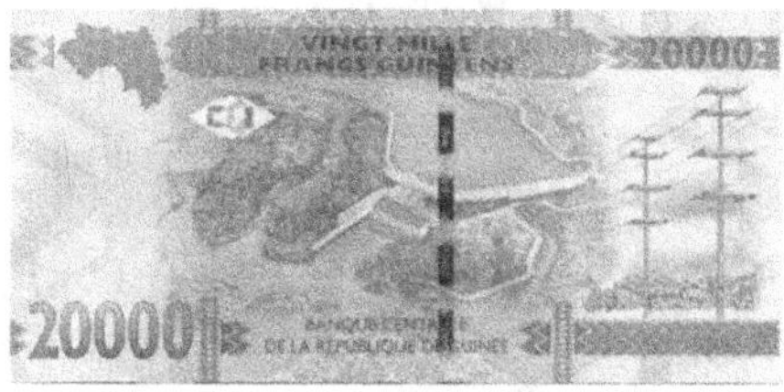

Résumé :

La monnaie est l'ensemble des moyens légaux de paiement dont disposent les agents économiques pour régler leurs différentes transactions.
On distingue trois formes de monnaie.
- La monnaie divisionnaire est aussi appelée monnaie métallique.

- La monnaie fiduciaire ou la monnaie papier est l'ensemble des billets émis par la Banque Centrale.
- La monnaie scripturale ou monnaie écriture est l'ensemble des dépôts à vue des agents économiques.

On distingue trois fonctions de la monnaie.

- La fonction d'intermédiaire d'échange :
- La fonction d'unité de compte
- La fonction de réserve de valeur

Section 4 : l'inflation

Mise en situation :

Il y a quelques années, le prix du sac de riz était à 25 000 fg ; celui du sac de ciment était 6000 fg ; le sac de farine à 30.000 fg. Aujourd'hui, les prix ont changé. Le prix du sac de riz est à 320.000 fg, celui du ciment à 75.000 fg, le sac de farine se négocie à 400.000 fg.

Selon vous qu'est-ce qui s'est passé ? Quelles sont les conséquences de cette variation des prix sur la population guinéenne ?

Tous les jours les choses changent, la vie devient chère, les prix augmentent. Les gens deviennent de plus en plus pauvres. Le salaire qui permettait de subvenir aux besoins de la famille n'arrive plus à payer le loyer et les dépenses de la nourriture, sans compter la scolarité des enfants, le transport, les soins et autres. On parle de l'inflation parce que tout a augmenté et partout dans le pays depuis longtemps.

Le contenu de la leçon

L'inflation est la hausse généralisée plus ou moins forte et durable du niveau des prix sur le marché. En d'autres termes, l'inflation est la perte du pouvoir d'achat de la monnaie matérialisée par une augmentation générale et durable des prix sur le marché. La perte du pouvoir d'achat s'explique par l'incapacité d'une unité de monnaie d'acheter un bien qu'elle pouvait acheter quelques années plutôt.

Les causes de l'inflation

L'inflation est un phénomène général qui est provoqué par plusieurs facteurs notamment : l'excès de monnaie, une forte demande, l'augmentation des coûts de production, les coûts liés à l'importation, la structure du marché, le manque de monnaie divisionnaire.

L'excès de monnaie : lorsque la quantité de monnaie en circulation augmente, les prix augmentent.

La forte demande : lorsque la demande est supérieure à l'offre, les prix augmentent.

L'augmentation des coûts de production : lorsque le coût d'un facteur de production (les salaires, la matière première...) augmente, les prix augmentent.

Les coûts liés à l'importation : lorsque le coût d'un facteur lié à l'importation (les taxes, les transports...) augmente, les prix augmentent.

La structure du marché : lorsque le marché présente plusieurs intermédiaires ou lorsqu'il n'y a qu'un seul vendeur sur le marché en face de plusieurs acheteurs les prix augmentent.

Notre pays est un bel exemple qui a connu et continue à vivre depuis des décennies une inflation causée en partie par toutes les causes précitées.

Conséquences de l'inflation

L'inflation rend la vie chère à la population en rendant les prix trop chers.

L'inflation agit négativement sur les travailleurs en réduisant la valeur de leurs salaires.

L'inflation pénalise les détenteurs de monnaie en diminuant leurs pouvoirs d'achat.

Régulation de l'inflation

La régulation de l'inflation relève de la compétence de l'État et de la Banque Centrale. Ils disposent de plusieurs méthodes pour réguler l'inflation selon les causes.

L'inflation causée par excès de la masse monétaire : Il revient à la banque centrale de corriger cette inflation par la politique monétaire restrictive en utilisant les instruments comme la réserve obligatoire, le taux d'intérêt...

L'inflation causée par la demande : Lorsque l'augmentation de la demande des consommateurs crée l'inflation, alors il revient aux autorités publiques (État) :

- ✓ Dans le court terme : de favoriser l'importation des biens de consommation pour réduire la crise conjoncturelle.
- ✓ Dans le long terme : de favoriser la production nationale à travers la politique sectorielle de développement (infrastructure, agriculture, industrie, commerce...).

L'inflation causée par la structure du marché : Lorsque la structure du marché crée l'inflation (le monopole ou oligopole), l'État doit jouer le rôle d'arbitre entre les acteurs de la vie économique en instaurant les règles de la concurrence pure et parfaite.

L'inflation liée à l'importation : Lorsque l'inflation est liée à l'augmentation des coûts à l'importation (l'augmentation des prix des matières premières et des équipements importés, des frais de transport, les charges fiscales et douanières, les taux de change, etc.) il revient à l'Etat de réduire les taxes afin de permettre aux commerçants de revendre leurs marchandises moins chères.

Mesure de l'inflation

L'inflation est un phénomène qui agit directement sur le revenu des consommateurs en diminuant leur pouvoir d'achat.

Pour mesurer l'inflation, on considère un panier de biens représentatifs de l'ensemble des biens consommés par la population.

Considérons un panier X contenant plusieurs articles (le riz, l'huile, la farine, le sucre…). Supposons maintenant que notre panier qu'on avait acquis en 2020 à 15 000 GNF est à présent affecté de l'inflation, donc son prix a augmenté de 15 000 GNF à 19 000 GNF en 2023.

Pour mesurer le taux de variation des prix ou le taux d'inflation, on fait le rapport.

$$T = \frac{P(2023)-P(2020)}{P(2020)} X100$$

$$T = \frac{19000-15000}{15000} X100 \text{ ; T= 27 \% ;}$$

Cette valeur montre que le prix a augmenté de 27 % entre 2020 et 2023.

Exercices de consolidations

Sujet 1 : Parmi les causes de l'inflation, quelle est la plus difficile à résoudre et pourquoi ?

Sujet 2 : En Guinée, la lutte contre la cherté des prix figure parmi les priorités de tous les gouvernements qui se sont succédé. À votre avis, pourquoi le niveau de l'inflation est toujours élevé dans ce pays ?

Résumé :

L'inflation est la hausse généralisée plus ou moins forte et durable du niveau des prix sur le marché. En d'autres termes, L'inflation est la perte du pouvoir d'achat de la monnaie matérialisée par une augmentation générale et durable des prix sur le marché.

Elle est causée par l'excès de monnaie en circulation, une forte demande, l'augmentation des coûts de production, les coûts liés à l'importation, la structure du marché, le manque de monnaie divisionnaire.
Elle a de nombreuses conséquences : elle rend la vie chère, appauvrit les salariés, réduit le pouvoir d'achat

CHAPITRE V

Le revenu et le patrimoine

Les agents économiques constituent leur patrimoine à partir des revenus qu'ils obtiennent de leur travail.

Section 1 : Les revenus

Mise en situation :

Souvent, les gens disent que pour réussir sa vie il faut travailler, pour avoir sa dignité et bénéficier sa liberté il faut travailler, pour être heureux et avoir la considération des gens dans la société qu'il faut aussi travailler. Alors, à votre avis, comment le travail peut-il permettre à une personne de réussir, d'avoir sa dignité et sa liberté ?

On ne travaille pas pour le plaisir du travail, tout le monde sait que le travail est difficile, il est épuisant et contraignant, mais on le fait quand même.

L'agriculteur va dans son champ tous les jours, il fournit assez d'efforts et consacre beaucoup de temps à son travail. De même, les mécaniciens, les menuisiers, les commerçants, les industriels, les journalistes, l'enseignant, les fonctionnaires, sont obligés d'aller à l'heure au travail, de respecter les règles du travail. Malgré toutes les contraintes, ceux qui travaillent sont contents de travailler. À la fin du mois ou à la fin de leurs activités, ils s'attendent à une récompense due aux efforts qu'ils ont fournis. C'est grâce à ce revenu qu'ils pourront subvenir à leurs besoins et à ceux de leurs familles.

Le travail rend indépendant et l'indépendance c'est la dignité, la fierté, le respect et le bonheur.

Le contenu de la leçon

Le revenu est la rémunération du capital ou de la force de travail d'un agent économique.

Lorsqu'un agent économique exerce une activité économique, il s'attend à un revenu qui peut être un salaire, un bénéfice, une rente, un loyer, un intérêt, un profit, un dividende…

Le salaire : C'est la rémunération du travail effectué

Le bénéfice : c'est le revenu lié à l'activité commerciale

La rente : c'est la rémunération liée à l'activité agricole

Le profit : c'est le revenu de l'entreprise

L'intérêt : c'est le revenu du capital placé.

Le dividende : c'est le revenu des actionnaires (les apporteurs de capitaux)

Le loyer : c'est le revenu de la location d'un bien matériel. C'est le revenu de propriété.

Les types de revenus

On distingue deux types de revenus : le revenu primaire et le revenu secondaire

Revenu primaire **:** c'est l'ensemble des revenus de travail et de propriété. Exemple le salaire, le loyer.

Le revenu secondaire **:** Ce sont les revenus de transfert. Ils ne sont pas liés à l'effort direct de l'agent économique. Exemple : les pensions, les bourses d'entretien des étudiants…

La répartition du revenu :

La répartition du revenu se fait de deux manières : on a la répartition primaire et la répartition secondaire.

La répartition primaire **:** C'est la répartition du revenu entre tous ceux qui ont participé à la production de la valeur ajoutée. Les actionnaires, les dirigeants, les employés, les partenaires… Chacun participe de sa manière à la création de la valeur ajoutée et chacun gagne sa part.

La répartition secondaire **:** c'est la répartition faite par l'État pour réduire les inégalités sociales. Elle se fait de deux façons :

a- La répartition verticale :

Elle concerne les inégalités de revenu entre les ménages. L'État prélève un peu sur le revenu de ceux qui sont riches pour donner à ceux qui en ont moins (allocations familiales…)

b- La répartition horizontale :

Elle concerne la couverture des risques. Tous les travailleurs courent des risques professionnels comme : les accidents de travail, les maladies professionnelles, la retraite, la perte d'emploi… l'État verse un certain montant à ses agents pour la couverture de leurs risques à travers les organismes à but non lucratif tels que : la caisse nationale de la sécurité sociale C.N.S.S, la caisse nationale de la prévoyance sociale C.N.P.S et l'institut national d'assurance maladie obligatoire I.N.A.M.O.

Exercices de consolidation :

Sujet 1 : Quelle est l'importance du revenu ?

Sujet 2 : Selon vous, entre la répartition verticale et la répartition horizontale quelle doit être la priorité de l'État et pourquoi ?

Résumé :

Le revenu est la rémunération du capital ou de la force de travail d'un agent économique.

Lorsqu'un agent économique exerce une activité économique, il s'attend à un revenu qui peut être un salaire, un bénéfice, une rente, un loyer, un intérêt, un profit, un dividende…

On distingue deux types de revenus : le revenu primaire et le revenu secondaire

Section 2 : Le Patrimoine

Mise en situation :

Karim est un ancien haut cadre de l'État. Après son décès à l'âge de 82 ans, ses héritiers ont fixé le jour de la lecture de son testament pour le partage de l'héritage. À votre avis, qu'est-ce qu'il a pu bien laisser en héritage à sa famille ?

Tout le monde cherche à constituer son patrimoine pour sa jouissance et celle de sa famille et qui pourrait être légué aux héritiers.

L'héritage est composé de plusieurs actifs (l'argent, les actions, les entreprises, les immeubles, les mobiliers, les terrains, les véhicules…), mais aussi les dettes. Quand un père meurt, il peut donc laisser derrière lui des biens appelés actifs, mais aussi les dettes qui sont les passifs.

Le contenu de la leçon

Le patrimoine est l'ensemble des biens et les dettes une personne, une entreprise ou un État à un moment donné. Le patrimoine est l'héritage du passé dont nous profitons aujourd'hui et que nous transmettrons aux générations futures.

Schématiquement, le patrimoine, ou la richesse d'un individu se compose de cinq éléments selon l'économiste Milton Friedman[15], ce sont :

a) **La monnaie :** elle se distingue des autres formes de richesse par le fait qu'elle est le seul élément dont la valeur nominale est fixe ;

b) **L'obligation :** c'est un titre de créance qui matérialise la dette.

c) **L'action :** c'est un titre de copropriété sur une partie du capital d'une entreprise. C'est un actif financier à revenu variable. Plus l'entreprise gagne, plus la part des actionnaires est élevée.

d) **Le capital physique :** biens meubles et immobiliers dont la valeur se déprécie en fonction du temps ;

e) **Le capital humain :** C'est l'individu qui possède le savoir et le savoir-faire.

2- Les formes du patrimoine : On a le patrimoine mobilier, le patrimoine immobilier et le patrimoine immatériel

a) ***Le patrimoine mobilier :*** ce sont des actions, des obligations, l'argent…

b) ***Le patrimoine immobilier :*** ce sont les capitaux qu'on ne peut pas déplacer. Exemple le terrain, les maisons…

c) ***Le patrimoine immatériel :*** la licence, le brevet, la culture, la tradition et le savoir-faire.

Exercices de consolidation

Sujet : Pourquoi constitue-t-on le patrimoine ?

Sujet 2 : Entre le capital physique et le capital humain quel est le plus important et pourquoi ?

---

[15] Milton Friedman est un économiste américain né le 31 juillet 1912 à Brooklyn et mort en 2006 à San Francisco

Résumé :

Le patrimoine est l'ensemble des biens et les dettes une personne, une entreprise ou un État à un moment donné.

Schématiquement, le patrimoine, ou la richesse d'un individu se compose de cinq éléments selon l'économiste Milton Friedman, ce sont :

a) La monnaie ;
b) L'obligation ;
c) L'action ;
d) Le capital physique ;
e) Le capital humain :

On distingue trois formes de patrimoine : le patrimoine mobilier, le patrimoine immobilier et le patrimoine immatériel

CHAPITRE VI

BANQUES ET CRÉDIT

Les banques sont des établissements qui financent les activités économiques à travers les crédits.

Section 1 : Les Banques

Mise en situation :

Saliou est un grand commerçant, à bord de sa camionnette, il sillonne tous les grands marchés de Conakry pour livrer les marchandises aux boutiquiers. Le soir, après ses calculs, il est content d'avoir gagné beaucoup d'argent et en même temps il a peur. Il sait qu'il y a une grande insécurité dans la ville.

Paul est un agriculteur motivé. Il a l'ambition d'agrandir son champ d'Igname, mais il lui manque les moyens financiers. Il a demandé de l'aide presque à tous ses proches, mais personne ne veut lui prêter de l'argent. Il est désespéré.

A votre avis, de quoi Saliou a-t-il peur ? et que peut-il faire alors ?

Pourquoi Paul est-il désespéré ? et que peut-il faire également ?

Chaque jour après les décomptes, Saliou se retrouve avec beaucoup d'argent, il se dit comment va-t-il faire pour mettre tout cet argent en sécurité, comment peut-il le garder sans risques ? Il a peur de perdre tout ou une partie de son argent.

Pour soulager sa peur, il peut donc confier son argent à un établissement qui a pour principal rôle de garder l'argent des gens en toute sécurité. La banque garde l'argent contre le vol, l'incendie, l'humidité…

Quant à Paul, il est désespéré parce qu'il n'arrive pas à trouver le financement pour réaliser ses activités. Il peut donc voir un établissement qui fait de sa profession, le financement des activités économiques des gens. La banque finance les investisseurs.

Saliou et Paul ne se connaissent pas, mais ils peuvent tous deux résoudre leurs différents problèmes grâce à la banque. Saliou peut confier à la banque, une partie de son argent qu'il n'a pas besoin d'utiliser immédiatement. Avant qu'il n'ait besoin de son argent, la banque peut prêter cet argent à Paul pour lui permettre de commencer ses activités.

La banque joue le rôle d'intermédiaire entre ceux qui épargnent et ceux qui sont dans le besoin.

Le contenu de la leçon

La banque est une institution ou un établissement de crédit qui assure trois fonctions classiques :

- La collecte des fonds du public sous forme de dépôt
- L'octroi de crédit aux clients et
- la mise à la disposition de la clientèle des moyens de paiement (chèque, cartes bancaires…)

Les types de banques

La banque centrale :

La Banque Centrale est l'institution chargée de conduire la politique monétaire, de contrôler le système financier et de veiller sur la masse monétaire dans chaque pays afin de stabiliser les prix. On l'appelle également la banque mère ou la banque des banques.

Les banques d'émission

Ce sont les Banques dotées du privilège de l'émission des billets de banque. (Le terme est pratiquement synonyme de banque centrale.)

Les banques commerciales

Les banques commerciales sont des établissements de crédit appartenant aux particuliers.

Selon l'article 2 de la loi bancaire guinéenne relative à l'activité de contrôle des établissements de Crédit ; les établissements de crédit sont des personnes morales qui effectuent, à titre de profession habituelle, les opérations de banque suivantes :

✓ La réception des fonds du public et/ou ;

✓ Les opérations de crédit et/ou ;

✓ La mise à la disposition de la clientèle, les moyens de paiement et de leur gestion ;

Les banques primaires :

Ce sont des sociétés commerciales qui génèrent des profits. Ce sont des banques qui manipulent la monnaie, elles transforment la monnaie fiduciaire (espèce) en une monnaie scripturale et vice versa à travers les opérations de dépôt et de crédit. Elles sont aussi appelées banques commerciales.

Les banques d'affaires

Les banques d'affaires sont des établissements dont l'activité principale est, outre l'octroi de crédits, la prise de participations dans des entreprises existantes ou en formation.

Elles accompagnent les grandes entreprises en proposant divers services bancaires comme des conseils stratégiques et financiers. Ces banques d'affaires accompagnent aussi les entreprises sur des projets de fusion-acquisition.

Les banques d'investissement

Les banques d'investissement sont des établissements qui opèrent sur le marché financier. Elles achètent et vendent des actions, des obligations et d'autres produits. Elles peuvent aussi s'occuper de levée de fonds pour des entreprises ou gérer des opérations de change.

Les banques de dépôt

Ce sont les banques dont l'activité principale est d'effectuer des opérations de crédit et de réception des dépôts à vue ou à terme. (Cette terminologie, bien qu'obsolète sur le plan réglementaire, est encore fréquemment utilisée.)

Devoir de maison

Quels sont les liens qui existent entre la banque Centrale et le ministère de l'Économie et des Finances ?

Exercices de consolidation

Sujet 1 : Quelle différence y a-t-il entre une banque et une microfinance ?

Sujet 2 : Quelle différence y a-t-il entre une banque commerciale et une banque primaire ?

Résumé :

La banque est une institution ou un établissement de crédit qui assure trois fonctions classiques :

- La collecte des fonds du public sous forme de dépôt
- L'octroi de crédit aux clients et
- la mise à la disposition de la clientèle des moyens de paiement (chèque, cartes bancaires…)

Les types de banques

- La banque centrale :
- Les banques d'émission
- Les banques commerciales
- Les banques primaires :
- Les banques d'affaires
- Les banques d'investissement
- Les banques d'investissement
- Les banques de dépôt

Section 2 : Les crédits

Mise en situation :

Rama est une élève qui a de grandes ambitions, elle veut commencer une activité économique pendant les vacances. Elle envisage de faire le petit commerce, ou les petites productions (des gâteaux, des frites, des jus de gingembre qu'elle a appris de sa mère). Son problème est qu'elle n'a pas de fonds pour démarrer son activité. Son esprit est partagé entre abandonner son projet ou continuer à se battre.

En tant qu'économiste, qu'est-ce que vous lui conseilleriez ?

Si elle décide de continuer, à votre avis comment peut-elle trouver les moyens nécessaires pour commencer son activité ?

Nous avons dit plus haut que l'activité économique repose sur deux facteurs essentiels à savoir : le facteur humain et le facteur capital.

Le facteur humain : Ce sont les connaissances, les compétences, l'expérience, les aptitudes et les habilités de l'homme à exercer correctement son travail.

Le facteur capital quant à lui, représente les moyens matériels et financiers nécessaires à faire le travail.

Le manque de moyen est l'une grande difficulté qui freine beaucoup d'agents économiques, mais ceux qui ont une connaissance de la notion du crédit arrivent à s'en sortir. Rama ne doit donc pas baisser les bras, elle peut s'endetter auprès d'une banque ou auprès d'une personne ressource. La dette ou le prêt est un moyen propice pour financer les activités. Les crédits sont bons lorsqu'ils sont contractés pour investir et non pour consommer.

Le contenu de la leçon

Selon la loi bancaire guinéenne, le crédit est tout acte par lequel une personne, agissant à titre onéreux, met ou promet de mettre des fonds à la disposition d'une autre personne à charge de restitution, ou prend dans l'intérêt de celle-ci un engagement par signature tel qu'un aval ou un cautionnement.

Le crédit est une opération qui met en rapport deux personnes, le prêteur ou le créancier donne de l'argent à un emprunteur ou débiteur avec un engagement de remboursement à une date déterminée et un taux d'intérêt fixé.

Les types de crédits

Selon la durée, on a trois types de crédit

Le crédit à court terme : C'est un crédit dont l'échéance de remboursement s'étend sur une période allant de 1 à 2 ans.

Le crédit à moyen terme : C'est un crédit dont l'échéance de remboursement s'étend sur une période allant de 3 à 5 ans.

Le crédit à long terme : C'est un crédit dont l'échéance de remboursement dépasse 7 ans.

Selon l'objectif on a :

Le crédit à la consommation et le crédit à l'investissement.

Le crédit à la consommation : C'est un crédit octroyé aux ménages pour assurer leurs achats divers (achat de nourriture, d'équipements, d'appareils électroménagers, de voitures, de paiement des factures d'électricité, d'eau, de téléphone…)

Le crédit à l'investissement : C'est un crédit destiné à la création ou à l'acquisition d'un bien capital. On y trouve le crédit immobilier, le crédit agricole…

Selon l'activité on a :

Le crédit immobilier : C'est un crédit destiné à l'achat d'un bien immobilier (maison, terrain, création d'entreprises)

Le crédit agricole : C'est un crédit destiné à financer les projets d'agriculture (préparation du champ, achat des intrants, les matériels...)

Exercices de consolidation :

Sujet 1 : Entre le crédit à la consommation et le crédit à l'investissement lequel est le plus important à votre avis ?

Sujet 2 : Quelles sont les informations que la banque vous demande avant de vous accorder un crédit ?

Résumé :

Selon la loi bancaire guinéenne, le crédit est tout acte par lequel une personne, agissant à titre onéreux, met ou promet de mettre des fonds à la disposition d'une autre personne à charge de restitution, ou prend dans l'intérêt de celle-ci un engagement par signature tel qu'un aval ou un cautionnement.

On peut classifier les crédits selon la durée et l'objectif

Selon la durée, on a trois types de crédit

- Le crédit à court terme
- Le crédit à moyen terme
- Le crédit à long terme :

Selon l'objectif on a :

- Le crédit à la consommation
- Le crédit à l'investissement

CHAPITRE VII

LA CONSOMMATION, L'ÉPARGNE ET L'INVESTISSEMENT

Le revenu d'un agent économique rationnel est reparti entre la consommation et l'épargne. L'argent épargné sert dans le long terme à investir.

Section 1 : La Consommation

Mise en situation :

Seny Marguerite est une jeune dame qui a perdu son mari pendant que ses deux enfants étaient encore petits. Elle vendait des feuilles de patate au marché pour nourrir ses enfants. Ils ne mangeaient qu'une seule fois par jour. Ils étaient toujours habillés dans du même complet, et ne pouvaient pas aller à l'école.

Diplômée en comptabilité, Seny Marguerite déposait de temps en temps son CV dans certaines entreprises. Un jour, elle a fait l'entretien d'embauche dans une grande entreprise où elle a été embauchée comme assistant-comptable. Sa vie et celle de ses enfants ont commencé à changer petit à petit. Désormais, ils mangeaient régulièrement de la bonne nourriture, ils s'habillaient dans les tenues de qualité. Ils habitaient dans une maison confortable. Ses enfants fréquentaient à présent une bonne école.

À votre avis, qu'est-ce qui est à l'origine de ce changement ?

Lorsque les gens n'ont pas de revenu, ils ne peuvent pas satisfaire tous leurs besoins, mais plus ils gagnent un revenu substantiel, leurs comportements changent. Ils dépensent régulièrement en achetant des choses qui peuvent satisfaire leurs désirs.

Seny a désormais un salaire, elle peut donc consommer en fonction de son revenu. Le salaire est donc à la base de ce changement positif que connaît la famille de Seny Marguerite.

Le contenu de la leçon

La consommation est l'opération qui consiste à utiliser les biens et services pour satisfaire les besoins. La consommation se caractérise donc par la destruction immédiate ou progressive du bien à travers son utilisation.

Les types de consommation

On a la consommation finale, la consommation intermédiaire, la consommation individuelle et la consommation collective

La consommation finale : elle est l'utilisation des biens et services pour la satisfaction directe des besoins individuels et collectifs des ménages, de l'administration publique et privée.

Exemple : la consommation d'un gâteau, l'utilisation des fournitures de bureau.

La consommation intermédiaire : il s'agit des biens et services marchands nécessaires à la production qui sont soit détruits, soit incorporés dans le produit.

Exemples : L'utilisation du bois, des points, des vernis par un menuisier dans la fabrication du meuble. À la pâtisserie, l'utilisation de la farine, du sucre dans la préparation des gâteaux.

La consommation individuelle : elle est l'ensemble des consommations de biens et services effectuées individuellement par les ménages et les entreprises. Elle est effectuée pour satisfaire le besoin individuel.

La consommation collective : elle est l'ensemble des consommations de biens et services effectuées par l'administration publique et privée dans le cadre de la fourniture des services publics comme la sécurité, la justice, la défense nationale, la construction des infrastructures.

Exercices de consolidation :

Sujet 1 :

Moussa est le chauffeur du directeur communal de l'éducation. Il a un salaire mensuel de 1.600.000fg. Son tableau de dépenses est le suivant.

Dépenses	Montant
Le loyer	400.000
La nourriture	600.000
Les frais de soin	100.000
Le transport	110.000
La scolarité de son enfant	150.000
Le restaurant	100.000
La boite de nuit	200.000
Le cinéma	50.000

1- Selon vous, Moussa est-il rationnel ?

2- Moussa veut acheter une moto d'une valeur de 8.000.000fg. Comment peut-il y arriver ?

3- S'il décide de garder chaque mois 200.000 fg. Selon vous dans combien de temps pourrait-il acheter la moto ?

Sujet 2 : Celui qui veut bien manger doit beaucoup travailler, expliquez cette affirmation.

Résumé :

La consommation est l'opération qui consiste à utiliser les biens et services pour satisfaire les besoins. La consommation se caractérise donc par la destruction immédiate ou progressive du bien à travers son utilisation.

On a la consommation finale, la consommation intermédiaire, la consommation individuelle et la consommation collective.

Section 2 : L'épargne

Mise en situation :

Un jeune fonctionnaire reçoit par mois un salaire de 2.200.000fg. C'est dans ce salaire qu'il paye son loyer, sa nourriture, son transport, ses frais de soin, de loisir, etc. Il envisage de se marier et donc de fonder une famille dans quelques mois. Et dans quelques années construire une maison et y aménager avec sa famille.

À votre avis, comment peut-il y arriver ?

Le revenu d'un salarié est toujours insuffisant pour couvrir toutes ses dépenses parce que les besoins ne finissent jamais. Alors, pour que ce jeune fonctionnaire puisse construire sa propre maison, fonder sa famille et subvenir à leurs besoins, il doit réduire ses dépenses de sorte à pouvoir garder à la fin de chaque mois une partie de son salaire. Au fur et à mesure qu'il garde un peu de côté, sa réserve augmente. Quelques temps après, il pourra investir librement dans une activité.

Le contenu de la leçon

L'épargne est la partie du revenu qui n'est pas destinée à la consommation immédiate. C'est la partie du revenu qu'on garde soigneusement pour faire des investissements. C'est un acte de renonciation à la satisfaction immédiate au profit de la satisfaction future.

Les formes d'épargne

On distingue deux formes d'épargne : L'épargne volontaire et l'épargne forcée :

L'épargne volontaire : c'est une épargne dont la volonté d'épargner provient de l'agent économique lui-même sans y être contraint.

Exemples **:** les petites caisses à la maison, les réserves des entreprises…

L'épargne forcée : c'est l'ensemble des prélèvements obligatoires effectués sur un agent économique du fait de la décision d'autres agents comme l'administration publique.

Exemple : les cotisations sociales, les retenues sur salaire.

Le rôle de l'épargne

L'épargne joue un rôle très important dans une économie. Elle permet :

- De financer les investissements
- De prévenir ou de protéger contre la baisse de revenu (crise économique, retraite, chômage…)

- De se protéger contre les risques imprévus (les accidents, les maladies, les calamités naturelles…)
- De constituer le patrimoine.

Chaque franc gardé rend riche et chaque franc consommé rend pauvre.

Exercices de consolidation

Sujet 1 : À quoi serrent les épargnes forcées ?

Sujet 2 : Pourquoi les élèves et les étudiants ne sont pas concernés par l'épargne forcée ?

Résumé :

L'épargne est la partie du revenu qui n'est pas destinée à la consommation immédiate. C'est la partie du revenu qu'on garde soigneusement pour faire des investissements. C'est un acte de renonciation à la satisfaction immédiate au profit de la satisfaction future. On distingue deux formes d'épargne : l'épargne volontaire et l'épargne forcée :

Section 3 : les propensions moyennes et marginales

Mise en situation :

Lorsque Madou n'avait pas de travail, il s'arrangeait à vivre avec le peu d'argent que lui donnait son oncle. Quand il eut un travail bien rémunéré, il ne pouvait plus prendre la nourriture du restaurant où il avait pourtant l'habitude de manger. Il ne pouvait plus boire de l'eau du robinet sous le prétexte de tomber malade. Il ne pouvait plus faire un kilomètre à pied alors qu'il faisait plus de 5 km pour aller à son stage. La banlieue ne lui était plus convenable.

De l'autre côté, Paul avait perdu son boulot. Il a vendu sa voiture pour faire ces courses à pied. Il avait quitté le centre-ville pour prendre un loyer moins cher en banlieue, il ne mangeait plus dans les restaurants de luxe. Il ne portait plus les habits de grande valeur.

Comment pouvez-vous expliquer ces deux changements soudains ?

La loi naturelle de la consommation montre que lorsque le revenu des gens augmente, ils ont tendance à augmenter leurs consommations. L'envie de satisfaire les désirs, d'accomplir les ambitions les pousse à faire plus de dépense.

Et lorsque le revenu diminue, la même loi naturelle de la consommation les oblige à réduire leurs consommations, leurs désirs diminuent, leurs ambitions meurent petit à petit. La consommation est en fonction du revenu.

Le contenu de la leçon

Les propensions moyennes et marginales à consommer consistent à évaluer les tendances à consommer, c'est la part du revenu destinée à la consommation.

La propension moyenne à consommer :

Mathématiquement, la propension moyenne à consommer PMC est le quotient du volume de la consommation au montant du revenu ou c'est le rapport entre la consommation C et le revenu R à un moment donné.

$$PMC = \frac{C}{R}$$

La valeur de la propension moyenne est comprise entre 0 et 1.

Exercice d'application :

Un ménage qui a un revenu disponible de 2000 fg et qui consacre 1500 fg à la consommation. Quelle est sa propension moyenne à consommer ?

$$PMC = \frac{1500}{2000} = 0{,}75$$

La propension marginale à consommer :

La propension marginale à consommer PmC est la part du revenu supplémentaire consacrée à un supplément de consommation. Elle est le rapport entre les variations des consommations et des revenus entre deux dates.

$$PmC = \frac{Variation de la Consommation}{Variation du Revenu} ; PmC = \frac{\Delta C}{\Delta R}$$

La valeur de la propension marginale est comprise entre 0 et 1.

Exercice d'application

On suppose qu'un ménage qui percevait un salaire de 900.000 fg par mois voit son salaire augmenter jusqu'à 1.300.000fg. Du coup, il augmente alors sa consommation de 800.000 fg à 1.000.000fg.

Quelle est la propension marginale à consommer de ce ménage ?

$$PmC = \frac{C2 - C1}{R2 - R1}$$

$$PmC = \frac{1.000.000 - 800.000}{1.300.000 - 900.000} = 0{,}5$$

La propension moyenne et marginale à épargner :

Les propensions moyennes et marginales à épargner consistent à évaluer les tendances à épargner, c'est la part du revenu destinée à l'épargne.

La propension moyenne à épargner

La propension moyenne à épargner est la part du revenu consacrée à l'épargne. C'est le rapport entre l'épargne E et le revenu R à un moment donné.

$$PME = \frac{E}{R}$$

Exemple : Un ménage qui a un revenu de 10.000 fg, épargne 2.000 fg. Quelle est sa propension moyenne à épargner ?

$$PMC = \frac{2000}{10.000} = 0{,}2$$

La propension marginale à épargner

La propension marginale à épargner est la part du revenu supplémentaire consacrée à un supplément d'épargne.

$$PmE = \frac{Variationdel'épargne}{VariationduRevenu} \; ; \; PmC = \frac{\Delta E}{\Delta R}$$

Exemple : Un ménage dont le revenu disponible augmente de 2000 fg et son épargne augmente de 900f. Quelle est sa propension marginale à épargner ?

$$PmE = \frac{900}{2000} = 0{,}45$$

Exercices de consolidation

Sujet 1 : Un ménage a un revenu disponible de 2000 fg et consacre 1500 fg à la consommation. Quelle est sa propension moyenne à épargner ?

Sujet 2 : Un ménage qui percevait un salaire de 900.000 fg par mois voit son salaire augmenter jusqu'à 1.300.000fg. Du coup, il augmente alors sa consommation de 800.000 fg à 1.000.000fg.

Quelle est la propension marginale à épargner de ce ménage ?

Sujet 3 : Un ménage qui a un revenu de 10.000 fg, il épargne 2.000 fg. Quelle est sa propension moyenne à consommer ?

Sujet 4 : Un agent économique reçoit par mois un salaire de 3.500.000fg. il épargne 15 % de son salaire. Calculer sa propension moyenne à épargner et à consommer.

Sujet 5 : Kabinet est le comptable de la pâtisserie 'Les délices de la Banlieue'. Il reçoit à la fin de chaque mois un salaire de 3.000 000fg. Il va au travail du lundi au vendredi, et chaque matin il achète 30.000 fg de carburant pour sa voiture. Pour la dépense de la nourriture, il donne 1.000.000fg à sa femme par mois. Pour le loyer il paye 500.000 fg. Pour les factures d'électricité et d'eau, il paye 200.000 fg. Pour la scolarité de ses enfants, il paye 400.000 fg.

Calculer :

a) Sa consommation et son épargne

b) Sa propension moyenne à consommer et à épargner

Sujet 6 : Entre la propension moyenne et marginale à consommer, qu'est-ce qui explique mieux la tendance à la consommation ?

Résumé :

Les propensions moyennes et marginales à consommer consistent à évaluer les tendances à consommer, c'est la part du revenu destinée à la consommation.

Mathématiquement, elles se calculent comme suit :

La propension moyenne à consommer $PMC = \frac{C}{R}$

La propension marginale à consommer $PmC = \frac{VariationdelaConsommation}{VariationduRevenu}$

Les propensions moyennes et marginales à épargner consistent à évaluer les tendances à épargner, c'est la part du revenu destinée à l'épargne.

Mathématiquement, elles se calculent comme suit :

La propension moyenne à épargner $PME = \frac{E}{R}$

La propension marginale à épargner $PmE = \frac{Variationdel'épargne}{VariationduRevenu}$

La valeur de la propension moyenne ou marginale est comprise entre 0 et 1.

Section 4 : L'investissement

Mise en situation :

Ansoumane est un entrepreneur, il est le patron d'une entreprise de BTP Balato-construction. Il a commencé ses travaux par les contrats de construction des petites maisons dans les quartiers. Comme il n'avait pas beaucoup de clients, le problème de délais ne s'imposait pas trop à lui. Il prenait tout son temps pour finir une maison. Ses travailleurs n'utilisaient que des équipements rudimentaires (brouettes, pelles, tréteaux, serre-joint, truelles, taloches, niveaux, règles, équerres, fils à plomb, marteaux, burins, centimètres, gants, scies...)

À présent, il a beaucoup de clients, et ses contrats de construction des immeubles se multiplient, il a des problèmes de gestion du temps et le perfectionnement de sa main d'œuvre pour garantir la qualité de son travail.

À votre avis que doit-il faire ?

Améliorer la productivité et la qualité du travail est le quotidien de ceux qui évoluent. Pour parfaire son travail, Ansoumane doit acheter pour son entreprise des équipements modernes qui lui permettent d'augmenter la quantité et la qualité de sa production dans un court délai comme les machines bétonnières, les grilles et autres.

L'achat de ces équipements constitue un investissement pour l'entreprise Balato-construction. De même, le perfectionnement de son personnel constitue un investissement humain.

Le contenu de la leçon

L'investissement est l'opération réalisée par un agent économique dans l'acquisition ou la création d'un bien capital. Il s'agit d'une dépense immédiate ayant pour but d'obtenir un effet positif, quantifiable à long terme. Au sein d'une entreprise, un investissement a pour objet d'augmenter la productivité par rapport aux facteurs capital, travail et temps.

Exemples **:** l'achat des machines ou la fabrication, l'achat des bâtiments ou la construction…

Les types d'investissement : on distingue l'investissement matériel et l'investissement immatériel

L'investissement matériel : ce sont les dépenses effectuées dans l'acquisition ou la production des biens immobiliers

Exemple : les terrains, les machines, les bâtiments…

L'investissement immatériel : ce sont les dépenses effectuées dans l'acquisition des biens incorporels.

Exemple : l'éducation, la formation, la santé, la recherche…

Le rôle de l'investissement :

L'investissement joue un rôle important dans l'économie, il est le moteur de la croissance économique. Il permet :

- de stimuler l'activité économique, puisqu'il est à la fois l'offre et la demande.
- d'augmenter la capacité de la production des entreprises
- de créer les emplois

Exercices de consolidation

Sujet 1 : Quel est le lien qui existe entre l'épargne et l'investissement ?

Sujet 2 : Nous avons dit que l'investissement est le moteur de la croissance économique, expliquez cette affirmation.

Résumé

L'investissement est l'opération réalisée par un agent économique dans l'acquisition ou la création d'un bien capital.

On distingue l'investissement matériel et l'investissement immatériel

L'investissement joue un rôle important dans l'économie, il permet :

- de stimuler l'activité économique, puisqu'il est à la fois l'offre et la demande.
- d'augmenter la capacité de la production des entreprises
- de créer les emplois

REFORMULATION N° 1

Choisir la bonne réponse. *N. B. la rature est considérée comme mauvaise réponse*

1) qui fabrique la monnaie fiduciaire ?

Le gouvernement ☐ la banque centrale ☐ le trésor public ☐

2) L'inflation qui est causée par la forte demande est régulée par :

Le gouvernement ☐ la banque centrale ☐ le trésor public ☐

3) La consommation faite par les entreprises dans le but de produire d'autres biens est :

La Consommation intermédiaire ☐ la consommation finale ☐

4) Le service est un bien immatériel.

Vrai ☐ Faux ☐

5) L'inflation qui est causée par l'excès de monnaies en circulation et est régulée par :

Le gouvernement ☐ la banque centrale ☐ le trésor public ☐

6) Les services non-marchands sont produits par :

Les banques ☐ les entreprises ☐ les administrations ☐

7) Le secteur privé a un but :

Philanthropique ☐ solidaire ☐ lucratif ☐

8) La banque qui a pour fonction principale la collecte des dépôts de ses clients est :

La banque primaire ☐ la banque d'investissement ☐ la banque d'émission ☐

9) Sur le marché de travail, qui offre le travail ?

L'entreprise ☐ le ménage ☐ l'administration ☐

10) Le revenu de quel agent économique est appelé le dividende ?

Le commerçant ☐ L'entreprise ☐ La banque ☐ Les actionnaires ☐

11) Sur le marché de travail, qui offre l'emploi ?

L'entreprise ☐ le ménage ☐ l'administration ☐

12) Le revenu de quel agent économique est appelé le profit ?

Le commerçant ☐ L'entreprise ☐ La banque ☐ Les actionnaires ☐

13) En 1959, un an après son indépendance, la Guinée utilisait une monnaie appelée :

Le Syli ☐ le franc CFA ☐ le franc guinéen ☐ le franc français ☐

14) Le revenu de quel agent économique est appelé le bénéfice ?

☐ ☐ ☐

Le commerçant L'entreprise La banque
Les actionnaires ☐

15) En 1957, un an avant son indépendance, la Guinée utilisait une monnaie appelée :

Le Syli ☐ le franc CFA ☐ le franc guinéen ☐ le franc français ☐

16) L'ensemble des éléments qui concourent à la production est appelé :

Les secteurs de production ☐ les acteurs de la production ☐ les facteurs de production ☐

17) Une entreprise commerciale produit des marchandises pour les revendre :

Vrai ☐ Faux ☐

18) Le 1er mars 1960, la Guinée a créé une monnaie appelée :

Le Syli ☐ le franc CFA ☐ le franc guinéen ☐
le franc français ☐

19) La cotisation sociale des employés (RTS) est appelée :

L'épargne volontaire ☐ L'épargne forcée ☐

20) Les dépenses effectuées par une entreprise dans la formation de son personnel sont :

Des investissements matériels ☐ Des investissements immatériels ☐

21) Le marché est une activité d'échanges entre l'offreur et le demandeur ; définition selon :

La Situation géographique ☐ la nature de l'activité économique ☐
la situation juridique ☐

22) Le marché est un lieu où se rencontrent les offreurs et les demandeurs ; définition selon :

La Situation géographique ☐ la nature de l'activité économique ☐
la situation juridique ☐

23) L'économie est la science de l'administration des ressources rares. Selon quel économiste ?

Raymond Barre ☐ Paul Anthony Samuelson ☐ Edmond Malinvaud ☐

24) La 2 octobre 1972, la Guinée a créé une nouvelle monnaie nationale qui s'appelait

Le franc guinéen ☐ le Syli ☐ le nouveau franc guinéen ☐

25) Cocher une croix dans les cases correspondantes

	Bien		**Service**
	Consommation	Production	
Le blé			
Le transport			
Jus d'orange			
L'enseignement			
Le pain			
La communication			
Le tracteur			
La chemise			
La machine à coudre			
Le commerce			

26) Cochez par CF le capital fixe et par CC le capital circulant :

a) Sa durée de vie s'étend sur un seul cycle de production ☐

b) Sa durée de vie s'étend sur plusieurs cycles de production ☐

27) Lier par une flèche, la fonction correspondante à chacun des agents économiques

La Production	Le ménage
La Consommation	L'Administration
Le Financement des activités	L'entreprise
La Fourniture de services non marchands	L'Assurance
Garantir le payement en cas de risque	La banque

DEUXIÈME PARTIE

CHAPITRE I

LES MÉCANISMES DE L' ÉCONOMIE DE MARCHE

Les cultivateurs du village cultivaient uniquement les produits que leurs familles consommaient (le riz, le maïs, le manioc, le haricot, l'igname, le manioc...), et le volume de leurs productions était proportionnel aux besoins de nourriture de leurs familles. Plus le nombre de bouches à nourrir était grand, plus ils fournissaient d'efforts. Aujourd'hui, avec la civilisation, et le développement de la technique et la technologie, les gens utilisent les tracteurs, les engrais et d'autres produits phytosanitaires, des techniques culturales d'irrigation et de drainage. Ils exploitent de grandes surfaces, et font la transformation industrielle. Ils appliquent des politiques commerciales à grande échelle... Leur préoccupation majeure est d'approvisionner continuellement le marché de biens et services divers.

Section 1 : les caractères de l'économie de marché

Mise en situation :

Moussa vend des produits agricoles qu'il cultive dans son champ. Tous les jours ses clients se plaignent de la cherté du prix de ses marchandises. Malgré la qualité de ses produits et les dépenses qu'il effectue dans la production, Moussa se dit que peut-être ses clients ont raison, alors il diminue les prix. Mais les clients ne sont toujours pas satisfaits, ils disent encore que les prix sont élevés. Moussa continue de diminuer le prix. Ensuite, il constate que malgré, leurs critiques, les clients viennent massivement et font la queue devant son magasin pour acheter.

À la fin de son commerce, il fait le compte, il trouve que son activité n'est pas rentable.

Selon vous pourquoi son activité n'est-elle pas rentable ? Pourquoi les clients lui disent chaque fois de diminuer le prix ? Que doit-il faire ?

Moussa ne sait pas comment fonctionne le marché ? Il se préoccupe toujours des acheteurs, il s'inquiète pour eux, il pense à leur peine, ainsi qu'à leur manque de moyen. Il fait des rabais en fonction de ce que disent les acheteurs. Il oublie qu'aucun acheteur ne se préoccupe de lui. Même s'il vend ses produits à un franc, les acheteurs voudraient encore du rabais, puisqu'ils ne se préoccupent que de leur intérêt, qui est d'acheter les biens de bonne qualité à bas prix. Si ses produits étaient de mauvaise qualité, personne ne voudrait les acheter. Les consommateurs n'achètent les produits qu'en fonction de leur utilité. Que Moussa gagne ou qu'il perd, cela ne concerne que lui-même. Les clients vont toujours demander de diminuer les prix pour maximiser leurs satisfactions. Pour réaliser des bénéfices, Moussa doit vendre ses produits en fonction du coût de production et de sa marge bénéficiaire, non en fonction de la volonté des clients. Lorsque le coût de production diminuera alors, il pourra réduire le prix de ses marchandises.

Le contenu de la leçon

L'économie de marché est une économie ouverte, du type libéral où tout se vend et s'achète à un prix déterminé par la loi de l'offre et de la demande appelée loi du marché. Depuis la révolution industrielle, les gens ne produisent plus pour satisfaire uniquement les besoins de consommation familiale, mais ils produisent aussi pour vendre, afin de s'enrichir.

L'économie de marché est caractérisée par : l'individualisme, l'utilitarisme, libéralisme, la multiplicité et la spontanéité des actions.

L'individualisme

Il repose sur l'idée que chaque individu ne se préoccupe que de son intérêt particulier. Dans cette logique, l'individu ou l'homme est un être rationnel c'est-à-dire que ses actions visent à maximiser ses intérêts.

Le producteur cherche à maximiser son profit sous la contrainte des coûts. Il fait des calculs économiques rationnels. Il choisit ce qui lui rapporte le plus dans l'utilisation des facteurs de production : travail et capital.

Le consommateur cherche à maximiser sa satisfaction en fonction de son revenu.

C'est le choix individuel des agents économiques.

L'utilitarisme

C'est une doctrine selon laquelle le choix des individus rationnels dépend de la satisfaction qu'ils peuvent tirer d'un bien. Ils font des choix et des calculs économiques. Leurs préférences pour tel ou tel produit se font en fonction de l'utilité qu'ils pourront en retirer et du coût qu'ils supporteront pour l'obtenir.

Le libéralisme

Il s'agit de la liberté économique, le laissez-faire, le laissez-passer. Chaque individu doit pouvoir exercer librement son activité économique (liberté d'entreprendre, de travailler, d'échanger… de faire la concurrence…). Ces libertés ne doivent pas être entravées par l'intervention de l'État pour ne pas perturber le fonctionnement du marché. L'équilibre recherché ne peut être obtenu que seulement par le mécanisme naturel du marché.

La multiplicité et la spontanéité des actions

Dans une économie de marché, les agents économiques saisissent des opportunités d'affaire parfois spontanées. Ils diversifient et élargissent leurs activités dans le seul but de maximiser leurs profits. Une entreprise industrielle qui vend du jus de fruits peut profiter d'un spectacle ou d'une rencontre de football pour faire la publicité de ses produits dans le but de vendre beaucoup.

Exercices de consolidation :

Sujet 1 : Quel est le rôle de l'État dans une économie de marché ?

Sujet 2 : À cause de son caractère individualiste, on se demande est-ce que l'économie de marché est-elle favorable à la justice sociale ?

Résumé :

L'économie de marché est une économie ouverte, du type libéral où tout se vend et s'achète à un prix déterminé par la loi de l'offre et de la demande appelée loi du marché.

L'économie de marché est caractérisée par : l'individualisme, l'utilitarisme, libéralisme, la multiplicité et la spontanéité des actions.

Section 2 : L'étude du marché

Mise en situation :

Mariam a pris tout son temps pour s'informer avant de créer son restaurant dans le quartier Nongo. Aujourd'hui, elle est contente de la croissance de son restaurant, son carnet de commandes est rempli de contacts, mieux, elle peut difficilement honorer la dernière commande de 600 pizzas que ses clients viennent de lancer.

Selon vous, comment en est-elle arrivée à ce niveau ?

Mariam sait que la réussite d'une entreprise dépend de la connaissance qu'elle a du marché concernant la demande réelle et potentielle de son produit ou de son service, d'une part, et la connaissance en qualité et quantité des consommateurs, leurs caractéristiques, leurs habitudes d'achat et leurs besoins, mais aussi de la concurrence d'autre part. c'est pourquoi avant de se lancer dans cette entreprise de restauration, elle a effectué l'étude de marché.

Le contenu de la leçon

La connaissance du marché est fondamentale pour une entreprise. La conception de ses produits dépend de cette connaissance. La définition du marché est réalisée par différentes procédures dont l'ensemble constitue l'étude de marché.

L'étude de marché est l'analyse qualitative et quantitative d'un marché, c'est-à-dire de l'offre et de la demande réelle ou potentielles d'un produit ou d'un service, afin de permettre l'élaboration des décisions commerciales.

Le But de l'étude du marché

L'étude de marché vise à diminuer, de façon considérable, les risques et d'augmenter les chances de réussir. La raison de la réussite tient au fait que l'étude de marché apporte une information objective, le plus souvent scientifique, sur les contraintes et les qualités d'un marché. En cela, elle permet une meilleure connaissance de l'offre comme la demande, particulièrement grâce à l'apport des techniques statistiques et psychosociologiques.

L'étude du marché permet de confronter les moyens et les contraintes de l'entreprise face à son environnement. Pour plus de précision, l'étude de marché est géographiquement délimitée, le plus souvent à un pays, parfois à une région.

L'importance de l'étude du marché

Traditionnellement, l'étude du marché donne six avantages dans la connaissance du marché :

a- **Elle fournit les données socio-économiques :**

- Dans le domaine économique (niveau de la production, de l'emploi, du revenu national, des conditions de crédit, de l'inflation) ;
- Dans le domaine social (durée de travail, conflits sociaux…) ;
- Dans le domaine démographique (mouvement de la population, densité, répartition socio-professionnelle…) ;
- Dans le domaine technique et technologique (l'évaluation de la recherche) ;

b- **Elle fournit les informations sur les consommateurs ou utilisateurs :**

L'étude du marché permet de décrire en qualité et en quantité des non consommateurs absolus, des non-consommateurs relatifs, du marché actuel de l'entreprise et du marché actuel de la concurrence, mais aussi leurs caractéristiques, leurs habitudes d'achat et leurs besoins.

c- **Elle fournit les informations sur le produit :**

L'étude du marché décrit les caractéristiques du produit, les différentes gammes, les prix pratiqués, l'évolution des ventes.

La description des performances des produits de l'entreprise permettra de les situer par rapport aux besoins des consommateurs et par rapport à ceux des concurrents.

d- **Elle fournit les informations sur la distribution**

Il s'agit :

- de l'importance des canaux de distribution ;
- des marges de l'usage des différents canaux de distribution ;

- de l'analyse des types de vente actuels ou envisageables pour l'entreprise.

e- **Elle favorise la promotion des ventes et de la publicité :**
Cette étape revêt deux aspects

- Le contrôle de l'effectif
- La proposition des axes et des cibles

f- **Elle fournit les informations sur la concurrence**
Les informations sur la concurrence portent sur les caractéristiques des différentes firmes et leurs offres sur le marché.

L'étude du marché est le fondement de toute réussite en entreprise.

Exercices de consolidation :

Sujet 1 : Quelle est l'importance pour une entreprise d'étudier les besoins de ses clients et leurs solvabilités ?

Sujet 2 : Pourquoi l'étude du marché s'intéresse-t-elle aux non consommateurs ?

Devoir de groupes N° 1

Cas pratique : Pour faciliter le travail, le professeur doit repartir les élèves en groupes de cinq, chaque groupe doit avoir 20 fiches de sondage N° 1 en vue de recueillir l'opinion de 20 citoyens. Il doit apprendre les élèves à aborder les gens et à recueillir facilement les informations.

Travail à faire :

Dans le cadre de la création d'une boutique de vente des vêtements pour enfants dans votre quartier, il vous est demandé de réaliser une étude de marché. Pour cela, vous allez recueillir les opinions des citoyens à travers vos questionnaires.

Fiche de sondage 1 :

Avez-vous des enfants ?

Oui ☐ Non ☐

Si oui, quels âges ont-ils ?

Moins d'un an ☐ 1 à 3 ans ☐ 4 à 5 ans ☐ 6 à 10 ans ☐

Serez-vous intéressés par l'ouverture d'un point de vente des vêtements pour enfants prêt de chez vous ?

Oui ☐ **Non** ☐

Quel type d'articles y achèteriez-vous ?

Body ☐ Pulls ☐ Culotte Barboteuse ☐ Grenouillères ☐
Brassière ☐ Gilet ☐ Salopette ☐ Tee-shirt ☐ Jupe ☐
Robe ☐ Collant ☐ Slip ☐ ☐ Moufles ☐
Bavoir ☐
Costume ☐ Combinaison de nuit ☐ ☐ Manteau
Chapeau ☐

Aimeriez-vous trouver dans notre magasin des vêtements de marque à bas prix ?

Oui ☐ non ☐

Devoir de groupes N° 2

Cas pratique : Pour faciliter le travail, le professeur doit repartir les élèves en groupes de cinq, chaque groupe doit avoir 20 fiches de sondage N° 2 en vue de recueillir l'opinion de 20 citoyens. Il doit apprendre les élèves à aborder les gens et à recueillir facilement les informations.

Travail à faire : Monsieur Diallo a construit un nouveau magasin dans votre quartier, il veut savoir laquelle des activités pourrait-elle marcher à cet endroit. Vous lui donnerez des conseils sur la base des informations que vous aurez collectées.

Fiche de sondage 2 :

Genre ?

☐ Homme ☐ Femme

Votre tranche d'âge ?

☐ Moins de 30 ans ☐ 30 à 45 ans ☐ Plus de 45 ans

À quelle catégorie socioprofessionnelle appartenez-vous ?

☐ Étudiant ☐ Travailleur indépendant
☐ Salarié du public ☐ Retraité
☐ Salarié du privé ☐ Chômeur
☐ Entrepreneur ☐ Au foyer

Parmi les propositions suivantes, quelles sont vos habitudes ?

☐ Sport ☐ Gastronomie
☐ Shopping ☐ Promenade
☐ Diététique ☐ Culture (musée)
☐ Bien-être et soin de corps ☐ Cinéma

Parmi les propositions suivantes, quelles sont vos habitudes d'achat ?

☐ Vêtement/chaussures ☐ roduits de beauté et soins de corps
☐ Équipement sportif ☐ Électroménagers
☐ Informatique ☐ Électroniques
☐ Jeux vidéo ☐ obiliers et décor intérieur

Parmi les propositions suivantes, quelles sont vos habitudes de consommation ?

☐ Sandwiches/pain ☐ Cuisine locale
☐ Fast Food ☐ Glace
☐ Crêpes et gaufres ☐ Viennoiseries
☐ Bar à Soupes ☐ Salade et tartes
☐ Haute cuisine

Parmi les boissons suivantes, quelles sont vos habitudes de consommation ?

☐ Eau ☐ Sodas
☐ Jus de fruits ☐ Jus gazeux
☐ Bière ☐ Vins
☐ Café/Thé ☐ Vins de palme

Résumé :

L'étude de marché est l'analyse qualitative et quantitative d'un marché, c'est-à-dire de l'offre et de la demande réelle ou potentielles d'un produit ou d'un service, afin de permettre l'élaboration des décisions commerciales.

L'étude de marché vise à diminuer, de façon considérable, les risques et d'augmenter les chances de réussir d'une entreprise.

Traditionnellement, l'étude du marché donne six avantages dans la connaissance du marché :

a- Elle fournit les données socio-économiques :
b- Elle fournit les informations sur les consommateurs ou utilisateurs :
c- Elle fournit les informations sur le produit :
d- Elle fournit les informations sur la distribution
e- Elle favorise la promotion des ventes et de la publicité :
f- Elle fournit les informations sur la concurrence

Section 3 : Étude de l'offre

Mise en situation 1 :

À Daaka, un quartier de Labé, Aboubacar Bah a installé une boulangerie moderne afin de vendre des pains de meilleure qualité à la population. Il a importé des machines neuves, un groupe électrogène de grande capacité et a recruté des boulangers qualifiés. Il a commencé sa production avec 3300 pains par jour à raison de 1500 f le prix de vente à l'unité. À l'aide d'une camionnette, il transporte ses pains dans les différents points de vente. Son affaire marche bien, il décide d'augmenter sa production le mois prochain.

À votre avis, pourquoi a t-il choisi la boulangerie ? Pourquoi précisément à Daaka ?

Et en quoi son affaire marche-t-elle bien ?

Un entrepreneur, avant d'entreprendre quoi que ce soit, fait l'étude du marché. Il observe le quotidien de la population pour relever les difficultés auxquelles elle est confrontée. Ensuite, de ces difficultés, il crée une opportunité d'affaire qui dévient rentable pour lui et en même temps soulage la population. Aboubacar Bah a compris que la population voulait des pains industriels de bonne qualité. Il savait qu'en produisant ces pains il pouvait gagner le cœur des consommateurs, et que son affaire marcherait bien à Daaka puisqu'il n'y a pas d'autres boulangeries moderne, la population est dense et l'accès aux quartiers voisins est facile.

Son affaire marche vraiment bien puisqu'il a plusieurs points de vente et il envisagé même d'augmenter sa production le mois prochain.

Les biens qui sont produits et vendus par les entreprises constituent l'offre.

Mise en situation 2 :

À l'entrée d'un magasin, vous voyez cette pancarte.

À travers vos connaissances, dites :

1. Qu'est-ce qu'une promotion commerciale ?
2. À qui est faite cette promotion et Pourquoi ?
3. Quel est l'objectif de cette pancarte ?

La promotion commerciale est une technique de vente qui consiste à amener les consommateurs à acheter beaucoup grâce à la réduction des prix des marchandises dans une courte période.

Elle est faite pour les consommateurs. Il y a plusieurs raisons :

a) Déstocker des produits qui vont atteindre la date limite de vente (DLV) ou dont la date limite de consommation (DLC) est proche :

b) Éviter au magasin de faire des pertes qui seraient plus importantes encore s'il fallait jeter le stock…

c) Attirer les consommateurs pour qu'ils viennent au magasin et effectuent aussi d'autres achats.

L'objectif de cette pancarte est d'attirer les consommateurs et de les informer d'une opération de promotion.

Mise en situation 3 :

Après avoir effectué des achats au magasin, Makôtô reçoit la facture sur laquelle il remarque deux mentions (**Remise** et **Rabais**). Elle vous demande que signifie les deux mentions ? Quelle est leur importance pour le fournisseur ?

EST KEITA & FRERES Facture N° 1234 Le 25/05/2025	
Montant brut...........................	470 000 fg
Rabais 2 %...........................	– 9 400 fg
Remis 10 %............................	– 47 000 fg
Net commercial....................	413 600 fg
TVA 18 %...........................	74 448 fg
Net à payer...........................	488 048 fg

La Remise et le Rabais sont des réductions commerciales.

- Rabais : c'est une réduction commerciale exceptionnelle accordée par un fournisseur à son client pour réparer un défaut de qualité ou de conformité du produit.

Exemple : Vous commandez 7 ordinateurs HP i7 chez votre fournisseur, à la livraison, vous voyez qu'il y a 5 ordinateurs HP i7 et 2 ordinateurs HP i5. À cause de la non-conformité des produits, le fournisseur réduit le prix, cela s'appelle le Rabais.

- Remise : c'est une réduction habituelle accordée en raison de la fidélité du client, de la quantité achetée, etc.

Exemple : Paul est un entrepreneur dans le domaine de la construction. Chaque fois, il achète plusieurs tonnes de ciments chez son fournisseur "Ciment de Guinée". Pour encourager Paul à rester fidèle, Ciment de Guinée réduit le prix.

Le contenu de la leçon

L'offre est la quantité de biens et services que les producteurs et commerçants vendent à la population à un prix.

Pour qu'il y ait l'offre, il faut d'abord produire des biens qui répondent aux besoins.

La fonction de l'offre :

La fonction de l'offre est la relation établie entre la quantité de biens et services offertes et le prix sur le marché. Lorsque le prix d'un bien augmente sur le marché, les producteurs ont tendance à augmenter leurs productions pour maximiser leurs profits.

La fonction de l'offre est une fonction croissante du prix. Elle suit la tendance du prix.

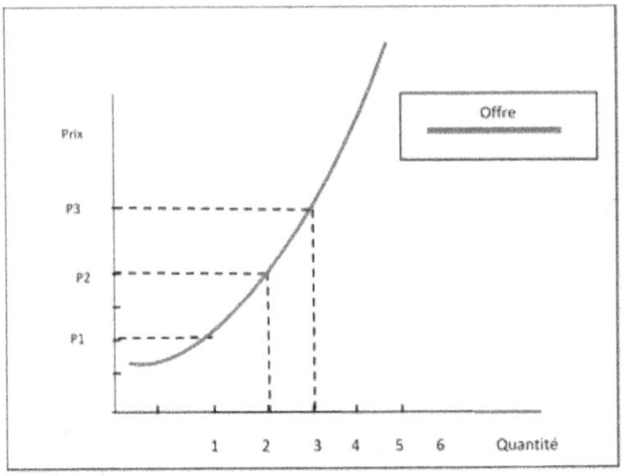

L'élasticité de l'offre :

L'élasticité de l'offre est la sensibilité de l'offre face à une légère variation du prix. Lorsque les producteurs réagissent fortement à un changement de prix, on dira que l'offre est élastique. Mais s'ils se montrent relativement insensibles, alors on dira que l'offre est inélastique. Le facteur déterminant de l'élasticité de l'offre est le temps dont disposent les producteurs pour ajuster leurs productions aux changements de prix.

L'élasticité de l'offre se calcule en faisant le rapport entre la variation de la quantité et celle des prix.

$$E = \frac{\frac{\Delta qi}{qi}}{\frac{\Delta pi}{pi}} x100$$

Exercices de consolidation :

Sujet 1 : Pourquoi dit-on que l'offre est une fonction croissante du prix ?

Sujet 2 : Que signifie l'expression « Tout ce qui se vend s'achète » ?

Sujet 3 : Dans une économie, certains producteurs refusent de baisser le prix de leurs produits et se justifient en indiquant l'inélasticité de la demande de leurs produits. Expliquez.

Résumé :

L'offre est la quantité de biens et services que les producteurs et commerçants vendent à la population à un prix.

Pour qu'il y ait l'offre, il faut d'abord produire des biens qui répondent aux besoins.

La fonction de l'offre est une fonction croissante du prix. Elle suit la tendance du prix. Lorsque le prix d'un bien augmente sur le marché, les producteurs ont tendance à augmenter leurs productions pour maximiser leurs profits.

Section 4 : Étude de la demande

Mise en situation :

Lors de l'une de ses vacances à Labé, Monsieur Bah a observé que dans le quartier de Daaka et des environs, les habitants consomment beaucoup de pains. Ainsi, il a décidé d'y installer une boulangerie moderne. Pour attirer plus de clients, il a fait des installations répondant aux normes techniques et hygiéniques. Le prix de vente des pains est fixé à 1500 f l'unité. Avec 500 f de rabais du prix de son pain par rapport à celui des autres qualités de pain sur le marché, les gens se bousculent chaque matin pour acheter le sien. La population de Daaka est contente.

À votre avis, pourquoi la population de Daaka est-t-elle enthousiasmée de l'installation de cette boulangerie moderne ? Pourquoi le nombre de gens qui achète le pain augmente-t-il chaque jour ?

La population de Daaka et des environs a longtemps exprimé dans le silence son souhait d'avoir des pains de qualité, fabriqués dans les conditions hygiéniques convenables. Cela se voit par son enthousiasme face au bien qui répond à ses désirs. Son attente est comblée. Chaque client satisfait, fait la publicité à ses proches. Avec ce prix abordable, le nombre d'acheteurs augmente tous les jours.

Le contenu de la leçon

La demande d'un bien est la quantité de ce bien que les consommateurs sont disposés à acheter à un prix abordable. Sur le marché, plusieurs produits existent, et beaucoup ne se vendent pas, par faute de demande. Le désir des consommateurs, en tenant compte de leurs contraintes budgétaires, constitue la demande.

Les conditions de la demande

Il existe principalement trois conditions de la demande :

L'intensité du besoin **:** c'est le degré de désir exprimé par le consommateur face à un bien. C'est la condition primordiale.

La solvabilité des consommateurs **:** c'est la capacité financière des consommateurs à acquérir les biens sur le marché. C'est la contrainte budgétaire.

Le prix du bien par rapport au prix des concurrents **:** C'est la comparaison des prix. À qualité égale, les consommateurs n'achètent que les produits qui sont moins chers.

La fonction de la demande

La fonction de la demande est la relation établie entre la demande d'un bien et son prix.

Lorsque le prix du bien augmente, les consommateurs ont tendance à diminuer leur consommation autrement dit, la demande baisse. Mais lorsque le prix diminue, ils ont tendance à augmenter leur consommation. On dit que la demande est une fonction décroissante du prix.

Les consommateurs ou demandeurs cherchent à obtenir un maximum de produits, en tenant compte de leurs préférences, de leurs revenus et du prix du marché. Il est alors possible de construire une courbe de demande, qui indique les quantités potentiellement consommées pour chaque prix.

Schéma

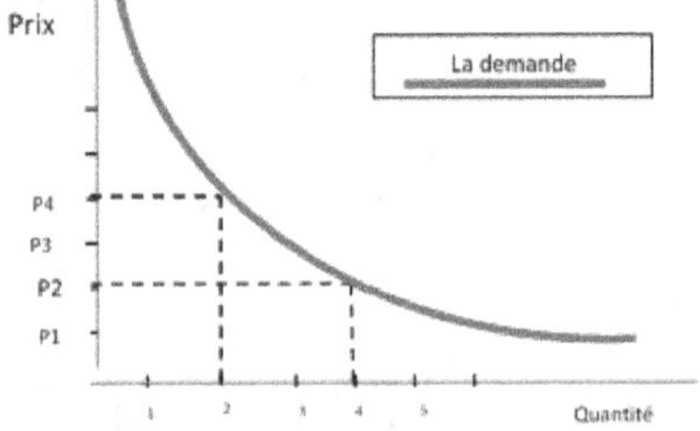

L'élasticité de la demande :

L'élasticité de la demande est la sensibilité de la demande face à une légère variation du prix. La loi de la demande nous dit que les consommateurs réagissent à la baisse du prix d'un bien en achetant une plus grande quantité de ce bien. Mais l'intensité de cette réaction peut varier d'un bien à un autre. Elle se calcule en faisant le rapport entre la variation de la quantité et celle du prix.

$$E = \frac{\frac{\Delta qi}{qi}}{\frac{\Delta pi}{pi}} x100$$

Les déterminants de l'élasticité de la demande :

La possibilité de substitution : plus le nombre de substituts disponible sur le marché est élevé, plus la demande est élastique.

La proportion du revenu : plus la part du revenu consacré à la consommation d'un bien est élevé, plus la demande pour ce bien est élastique.

Les produits de luxe : la demande pour les biens de luxe est relativement élastique.

Le temps : plus le temps de la variation du prix d'un bien long, plus la demande pour ce bien est élastique. Les consommateurs s'habituent aux changements.

Exercices de consolidation :

Sujet 1 : Pourquoi dit-on que la demande est une fonction décroissante du prix ?

Sujet 2 : En quittant l'école pour aller à la maison, vous passez devant les parcs d'automobiles, vous voyez des belles voitures sur lesquelles est mentionné « A vendre », mais vous ne demandez jamais le prix, pourquoi ?

Sujet 3 : Les recettes totales d'une firme augmenteront-elles, déclineront-elles, ou demeureront-elles les mêmes à la suite des changements suivants ?

a. Le prix diminue et la demande est inélastique
b. Le prix augmente et la demande est élastique
c. Le prix augmente et l'offre est élastique
d. Le prix augmente et l'offre est inélastique
e. Le prix augmente et la demande est inélastique
f. Le prix diminue et la demande est élastique

Sujet 4 : le ministre du Budget décide d'augmenter la taxe afin d'accroître les revenus de l'État, l'élasticité de la demande consiste-t-elle un critère important dans le choix des produits à taxer ?

Justifiez.

Résumé :

La demande d'un bien est la quantité de ce bien que les consommateurs sont disposés à acheter à un prix abordable.

Il existe principalement trois conditions de la demande :

- ***L'intensité du besoin***
- ***La solvabilité des consommateurs***
- ***Le prix du bien par rapport au prix des concurrents***

La demande est une fonction décroissante du prix. Lorsque le prix du bien augmente, les consommateurs ont tendance à diminuer leur consommation autrement dit, la demande baisse.

CHAPITRE II

LA FORMATION DES PRIX

Les vendeurs et les acheteurs ne peuvent échanger que lorsqu'ils se mettent d'accord sur un prix d'échange. Les prix sont déterminés librement sur le marché de concurrence pure et parfaite, tandis qu'ils sont influencés par certains acteurs sur le marché de concurrence imparfaite

Section 1 : la concurrence pure et parfaite

Mise en situation :

À l'occasion de l'ouverture des classes pour la nouvelle année scolaire, Fatou, en compagnie de sa mère, sont allées au marché de Madina pour acheter ses fournitures scolaires. Sur le lieu, elle a vu alignés plusieurs vendeurs de cahiers, de sacs, de tenues et d'autres fournitures scolaires. Les vendeurs se précipitaient pour accueillir les potentiels acheteurs. Chacun montrait la particularité de son produit, sa qualité et son prix. Beaucoup de parents d'élèves défilaient d'étal en étal pour être sûrs d'acheter des bonnes fournitures à un bon prix. Les vendeurs les plus téméraires, les plus dynamiques et les plus convaincants vendaient plus que les autres. Après une longue discussion, la mère de Fatou et le commerçant se sont entendus sur un prix. Chacun était content.

Selon vous, pourquoi les vendeurs se précipitaient-ils pour accueillir les potentiels acheteurs ?

Pourquoi les acheteurs défilaient-ils d'étal en étal ?

Pourquoi la mère de Fatou et le vendeur étaient tous contents ?

Les vendeurs se précipitaient pour accueillir les potentiels acheteurs puisqu'ils sont nombreux. Dans le marché de concurrence, chacun gagne selon son effort. Les vendeurs les plus téméraires, les plus dynamiques et les plus convaincants vendaient plus que les autres.

Quant aux acheteurs, ils défilaient d'étal en étal pour être sûrs d'acheter des produits à un bon prix.

À la fin de l'échange, le vendeur était content d'avoir réalisé un bénéfice et la mère de Fatou était contente parce qu'elle avait obtenu des bonnes fournitures scolaires pour sa fille à bon prix.

Le contenu de la leçon

La concurrence est une structure du marché où il y a plusieurs vendeurs (offreurs) et plusieurs acheteurs (demandeurs) au point que personne à elle seule ne puisse influencer les prix. Seul le mécanisme du marché ou la loi du marché détermine le prix d'équilibre.

Les conditions de la concurrence pure parfaite :

D'après la théorie du marché, il existe cinq (5) conditions qui caractérisent la concurrence pure et parfaite.

a- **Atomicité :** c'est la condition qui prévoit que les vendeurs et les acheteurs doivent être suffisamment nombreux de sorte que la présence ou l'absence d'aucun ne puisse changer les prix sur le marché. Chacun doit-être considéré comme un atome.

b- **L'homogénéité des produits :** c'est la condition qui prévoit que les produits qui font l'objet de la concurrence doivent être identiques ou substituables.

c- **La libre entrée sur le marché :** c'est la condition qui prévoit qu'il ne doit pas y avoir d'entrave ou de barrières à l'entrée des nouvelles entreprises sur le marché.

d- **La transparence :** la transparence est une condition incontournable de la concurrence, les entreprises doivent avoir les mêmes informations sur les conditions du marché (marché public) et les consommateurs doivent avoir toutes les informations sur les produits (la qualité, la composition, la date d'expiration, les contre-indications...) à travers les notices et les étiquettes.

e- **La mobilité des facteurs de production :** c'est la condition qui prévoit que le capital et le travail doivent s'orienter vers les emplois les plus rémunérateurs. Les agents économiques choisissent les activités qui sont plus rentables ou investissent dans les domaines plus lucratifs.

Les défaillances du marché de concurrence :

Trois problèmes affectent généralement le marché de concurrence appelés défaillances du marché : les défaillances dues aux externalités, les défaillances dues aux biens collectifs et communs, les défaillances dues à l'asymétrie de l'information.

- **Les défaillances dues aux externalités :**

Les externalités sont des impacts négatifs de l'activité économique des industries sur le bien-être de la population. Il peut y avoir des impacts sur la qualité de l'air, la pollution de l'eau, les bruits et vibrations, le changement climatique, ainsi que l'impact sur la santé publique de la population.

Exemple : les bruits et la poussière de l'usine de cimenterie sur les habitants du quartier.

- **Les défaillances dues aux biens collectifs et communs :**

Les biens produits par l'État peuvent avoir des répercussions sur la concurrence. Par exemple, lorsque l'État construit une école publique dans un quartier, l'affluence des élèves dans les écoles privées de ce quartier va diminuer. La mise en circulation des bus publics pour le transport dans une commune diminuerait la recette des sociétés des transports privées dans cette commune.

- **Les défaillances dues à l'asymétrie de l'information :**

L'asymétrie de l'information est la situation dans laquelle certains acteurs ont moins d'informations sur le marché que d'autres. Le marché public doit être ouvert à tout le monde, les cahiers de charges établis à cet effet doivent être accessibles à tous.

Le cahier de charges est un document administratif et juridique dans lequel un offreur (l'État ou entreprise) émet à l'attention des prestataires son besoin d'obtention des biens ou des services contre rémunération.

Le cahier de charges est constitué de trois parties qui sont :

- le cahier des règlements particuliers du marché
- le cahier des clauses administratives
- le cahier de spécifications techniques

L'État corrige les défaillances par trois moyens : la réglementation, la taxation, et les contrôles.

La formation du prix sur le marché :

Le prix est l'expression monétaire de la valeur d'une marchandise.

L'offre, la demande et le prix sont liés. Le mécanisme de fixation des prix repose sur deux hypothèses :

- Hypothèse 1 :

Soit un marché de concurrence où l'offre est supérieure à la demande : Lorsque la quantité de biens et services offerte par les producteurs dépasse la quantité de biens et de services demandée par les consommateurs alors le prix baisse. Les consommateurs ont tendance à augmenter la consommation et les producteurs ont tendance à diminuer la production.

- Hypothèse 2 :

Soit un marché de concurrence où la demande est supérieure à l'offre : lorsque la quantité de biens et services demandée par les consommateurs est supérieure à l'offre, alors les prix augmentent. Les consommateurs ont tendance à diminuer leur consommation alors que les producteurs ont tendance à augmenter leur production.

Comme chaque acteur n'obéit qu'à son intérêt individuel, alors le marché ne peut être stable, tantôt l'offre est supérieure à la demande, tantôt la demande est supérieure à l'offre.

Exercices de consolidation :

Sujet 1 : Sur un marché de concurrence pure et parfaite qui détermine les prix (l'État, les offreurs, les demandeurs, la loi du marché) ?

Sujet 2 : Les défaillances du marché perturbent la concurrence entre les entreprises. Dites quelles sont ces défaillances ? qui doit les résoudre et comment ?

Sujet 3 : Dans une économie de marché, pourquoi l'intervention de l'État est considérée comme néfaste pour la concurrence ?

Sujet 4 : Expliquez le mécanisme de variation des prix sur le marché de concurrence pure et parfaite.

Résumé :

La concurrence est une structure du marché où il y a plusieurs vendeurs (offreurs) et plusieurs acheteurs (demandeurs) au point que personne à elle seule ne puisse influencer les prix. Seul le mécanisme du marché ou la loi du marché détermine le prix d'équilibre.

Il existe cinq (5) conditions qui caractérisent la concurrence pure et parfaite.

- Atomicité
- L'homogénéité des produits
- La libre entrée sur le marché
- La transparence
- La mobilité des facteurs de production

Section 2 : Concurrence imparfaite

Mise en situation :

Après leur shopping au marché de Madina, la mère de Fatou se rendit compte qu'elle avait oublié d'acheter les crayons de couleur et le cahier de dessin. Dans leur quartier, il n'y a qu'un seul boutiquier qui vend les fournitures scolaires. À la boutique, elle était étonnée de constater que les prix avaient augmenté de 25 % par rapport à celui du marché.

Selon vous, quelles sont les raisons de cette augmentation ?

En dépit du fait que le vendeur ait supporté les frais de transport pour envoyer ses marchandises dans sa boutique au quartier, il a augmenté les prix puisqu'il est le seul boutiquier de cet endroit qui vend les fournitures scolaires. C'est lui qui fixe les règles du marché, puisque tout le monde vient chez lui pour s'approvisionner.

Le contenu de la leçon

La concurrence imparfaite est une situation du marché où il y a un déséquilibre entre le nombre de vendeurs et d'acheteurs dont la conséquence est l'influence du prix sur le marché par l'un des acteurs (offreurs ou demandeurs).

Les différents marchés de concurrence imparfaite:

Nous distinguons principalement quatre marchés de concurrence imparfaite qui sont :

Le marché de monopole :

Le marché de monopole est un marché où il y a un seul offreur face à plusieurs demandeurs.

Le marché d'oligopole :

Le marché d'oligopole est un marché où il y a un petit nombre d'offreurs face à plusieurs demandeurs.

Le marché de monopsone :

Le marché monopsone est un marché où il y a un seul demandeur face à plusieurs offreurs.

Le marché d'oligopsone :

Le marché d'oligopsone est un marché où il y a un petit nombre de demandeurs face à plusieurs offreurs.

La formation des prix en régime de concurrence imparfaite :

Dans un marché de concurrence imparfaite, l'un des acteurs du marché (offreurs et demandeurs) influence la loi ou les règles du marché. Cette influence est expliquée par deux hypothèses.

Première hypothèse :

Lorsque le marché se présente sous la forme de monopole ou d'oligopole, le déséquilibre du marché est en faveur des offreurs. Ils définissent les règles du marché. Ils augmentent les prix de vente des produits.

Deuxième hypothèse :

Lorsque le marché se présente sous la forme du monopsone ou d'oligopsone, le déséquilibre du marché est en faveur des demandeurs. Ils influencent les règles du marché. Ils contraignent les offreurs à diminuer les prix de vente de leurs produits.

Exercices de consolidation :

Sujet 1 : Expliquez comment le monopoleur arrive-t-il à influencer les prix à la hausse sur le marché ?

Sujet 2 : Expliquez comment peut-on lutter contre le monopole ?

Résumé :

La concurrence imparfaite est une situation du marché où il y a un déséquilibre entre le nombre de vendeurs et d'acheteurs dont la conséquence est l'influence du prix sur le marché par l'un des acteurs (offreurs ou demandeurs).

Nous distinguons principalement quatre marchés de concurrence imparfaite qui sont :

- Le marché de monopole
- Le marché d'oligopole
- Le marché de monopsone
- Le marché d'oligopsone

CHAPITRE III

LA CONCENTRATION DES ENTREPRISES ET L' ORIENTATION PAR LES GROUPES

Les entreprises en concurrence s'unissent dans le souci d'être plus grandes, d'avoir des capitaux importants, de produire à grande échelle et d'avoir une position de leader sur le marché, en suite de devenir des groupes de pression.

Section 1 : La concentration des entreprises

Mise en situation :

La pâtisserie "*le bon goût*" est une petite entreprise qui fait des gâteaux et des biscuits de tout genre. Elle a beaucoup de clients qui font des commandes régulièrement. À cause de ses moyens limités, elle n'arrive pas à satisfaire la demande de ses clients ni à étendre ses activités dans d'autres communes. ***Les délices de la banlieue*** sont aussi une autre entreprise de pâtisserie qui a assez de moyens pour satisfaire la demande de nombreux clients à la fois, mais la qualité de ses produits n'attire pas autant de clients. Elle dépense beaucoup d'argent dans la publicité pour faire connaître ses produits.

En votre qualité d'économiste, quelles solutions proposez-vous à ces deux entreprises pour résoudre leurs problèmes ?

La pâtisserie "***le bon goût***" et "***les délices de la banlieue***" sont toutes deux des pâtisseries qui vendent des gâteaux. Comme elles ont des problèmes opposés, la meilleure solution pour résoudre leurs problèmes est de s'unir. La pâtisserie "***le bon goût***" a beaucoup de clients, mais n'a pas les moyens alors que la pâtisserie ***les délices de la banlieue*** a les moyens, mais n'a pas de clients. Elles peuvent s'entendre pour former une grande entreprise qui aurait à la fois les moyens, les clients et la compétence nécessaire qu'il faut pour être le leader sur le marché.

Le contenu de la leçon

La concentration est l'union de deux ou de plusieurs entreprises sous une direction commune par le biais d'une fusion ou d'une absorption dans le but de contrôler le marché.

En Guinée, les sociétés Elf et Total se sont unies et l'identité de la société Elf a disparu (la marque, la couleur, le slogan) au profit de Total. On dit que Total a absorbé Elf ou qu'il l'a racheté. Aussi, l'union de la BICIGUI et de Vista Bank pour donner VistaGui.

Les causes de la concentration des entreprises :

Les entreprises s'unissent pour des raisons techniques, économiques et juridiques.

a- Les causes techniques :

L'intégration des progrès techniques dans le processus de production est un facteur bénéfique pour les entreprises. L'acquisition de la technologie et des techniques modernes de travail sont coûteuses pour une entreprise, alors, elle s'associe à d'autres pour assurer l'innovation et la croissance.

b- Les causes économiques :

Les entreprises s'unissent dans le but d'avoir un grand capital leur permettant de faire face à l'expansion de leurs activités et à la commercialisation des produits.

c- Les causes juridiques :

Dans le besoin d'organisation, les entreprises s'unissent pour changer leurs statuts juridiques afin d'avoir une large représentativité, la rentabilité élevée, la puissance et la croissance.

Les entreprises privées peuvent être : individuelles, SARL, SA…

Les formes de la concentration :

On distingue trois formes de concentration :

La concentration horizontale **:** c'est une entente qui regroupe les entreprises exerçant les mêmes activités.

Exemple : La pâtisserie le bon goût et la pâtisserie les délices de la banlieue.

La concentration verticale **:** c'est une entente qui regroupe les entreprises exerçant les activités complémentaires.

Exemple : une entreprise de production de cacao et une entreprise de fabrication de chocolat

La concentration conglomérale **:** c'est une entente qui regroupe les entreprises exerçant les activités différentes

Exercices de consolidation :

Sujet 1 : Quels sont les avantages auxquels les entreprises peuvent s'attendre dans une concentration horizontale ?

Sujet 2 : Parmi les causes de la concentration des entreprises, quelle est la plus fréquente et pourquoi ?

Résumé :

La concentration est l'union de deux ou de plusieurs entreprises sous une direction commune par le biais d'une fusion ou d'une absorption dans le but de contrôler le marché.
Les entreprises s'unissent pour des raisons techniques, économiques et juridiques.
On distingue trois formes de concentration :

- La concentration horizontale
- La concentration verticale
- La concentration conglomérale

Section 2 : Les conséquences de la concentration

Mise en situation :

Enfin, grâce à votre conseil, la pâtisserie "***le bon goût***" et ***les délices de la banlieue*** décident de s'unir.

À votre avis, qu'est-ce qui peut arriver après cette entente ?

Lorsque les pâtisseries "***le bon goût***" et ***les délices de la banlieue*** décident de s'unir, cela peut leur permettre d'avoir une grande compétence dans la production et la commercialisation, d'avoir des capitaux importants afin de produire à grande échelle et d'être le leader dans la pâtisserie. Ceci peut leur permettre également d'agrandir leur clientèle et d'accroître ainsi leur profit.

De l'autre côté, cela va réduire la concurrence et rendre le prix cher à la population à long terme.

Le contenu de la leçon

La concentration des entreprises a des conséquences positives et négatives :

Les conséquences positives

La concentration des entreprises permet aux groupes industriels d'avoir une position dominante dans la production et les échanges. À ce niveau, elle permet aux entreprises :

- d'avoir des capitaux importants afin de produire à grande échelle et d'avoir une position de leader sur le marché.
- D'agrandir la clientèle et ainsi que les canaux de distribution des produits.
- D'accroître leurs profits en augmentant leurs activités.
- D'avoir une autonomie financière en évitant les ruptures de stock, le sous-emploi des capacités de production, l'insuffisance d'approvisionnement, l'augmentation brutale des coûts d'approvisionnement.

Les conséquences négatives :

On peut retenir trois conséquences négatives de la concentration des entreprises.

- ***La création du chômage :***

La concentration des entreprises nécessite une restructuration qui passe par des plans de licenciement de certains salariés.

- ***La réduction de la concurrence :***

La concentration des entreprises réduit le nombre d'entreprises en concurrence pour prendre la forme du marché d'oligopole.

- ***Le difficile contrôle par l'État :***

La concentration des entreprises rend difficile leur contrôle par l'État. Elles deviennent un groupe de pression.

Exercices de consolidation :

Sujet 1 : Quelles sont les conséquences de la concentration des entreprises sur les emplois et les salaires ?

Sujet 2 : Au regard de ses conséquences positives et négatives, à votre avis, la concentration des entreprises est-elle une bonne ou une mauvaise chose ?

Résumé :

La concentration des entreprises a des conséquences positives et négatives

Les conséquences positives

La concentration des entreprises permet aux groupes industriels d'avoir une position dominante dans la production et les échanges.

Les conséquences négatives

- La création du chômage

-	La réduction de la concurrence
-	Le difficile contrôle par l'État

Section 3 : le cartel et les ententes

Mise en situation :

Après le succès économique de la boulangerie moderne de Monsieur Bah à Labé, deux autres ressortissants avaient installé leurs boulangeries modernes. Cet acte avait ouvert la voie à la concurrence. Pour maximiser son profit, chaque boulangerie produisait des pains en grande quantité. Ainsi, la quantité de pain que les boulangeries produisaient dépassait largement le besoin de consommation de la population.

A votre avis, qu'est-ce que cette situation peut-elle provoquer sur le marché ?

En pareille circonstance que doivent faire les entreprises pour éviter la perte ?

Nous savons, que sur un marché de concurrence, lorsque l'offre est supérieure à la demande les prix baissent, et chaque diminution du prix entraîne une diminution de la marge bénéficiaire des producteurs. En plus de la diminution des prix, les boulangeries ne pourront pas vendre tous leurs pains, ce qui représente un gaspillage et une perte énorme pour elles.

En pareille circonstance, pour éviter la perte, les boulangeries doivent s'entendre pour établir les conditions du marché qui leur seront favorables. Par exemple, elles peuvent diminuer la production ainsi, la demande sera supérieure à l'offre dans ce cas, les prix vont augmenter et leurs marges bénéficiaires aussi.

Le contenu de la leçon

Le cartel est une entente de plusieurs entreprises qui se partagent le marché en fixant le volume de la production, les prix et les conditions de vente.

Comme tout autre groupement monopolistique, l'objectif du cartel est de maximiser son profit.

Le fonctionnement du cartel

Le cartel fonctionne sur un certain nombre de principes.

- Le principe d'indépendance : les entreprises membres du cartel sont indépendantes sur le plan de la production.
- Le principe du quota : les entreprises membres du cartel doivent respecter le quota de production imposé par le groupe.
- Le cartel augmente son profit total en augmentant sa recette totale

$\Pi = RT - CT$

Π = le profit ; RT = Recette Totale ; CT = Coût Total

L'instabilité du cartel :

À l'équilibre, le cartel maximise le profit de tous les membres, mais certaines entreprises cherchent à augmenter leurs profits individuels au détriment de groupe. Elles augmentent leurs productions au-delà du quota indiqué. Elles violent le principe de quota.

Les ententes :

On distingue plusieurs types d'ententes :

Le trust **:** c'est une entente dans laquelle les entreprises réunissent leurs propriétés et les propriétaires deviennent des actionnaires. C'est une fusion des entreprises.

Le consortium **:** C'est un groupement d'entreprises qui unissent leurs efforts pour réaliser une opération particulière et momentanée dans la mesure où chaque entreprise conserve son autonomie. Par exemple, dans la construction des routes en Guinée, l'entreprise GUICOPRESS travaille avec beaucoup de PME dans le cadre de la sous-traitance.

Le conglomérat **:** c'est une union des entreprises qui opèrent dans les domaines différents.

Exercices de consolidation :

Sujet 1 : Comment fonctionne le cartel du pétrole (OPEP) ?

Sujet 2 : Pourquoi les membres du cartel ne respectent-ils pas toujours le principe du quota ?

Résumé :

Le cartel est une entente de plusieurs entreprises qui se partagent le marché en fixant le volume de la production, les prix et les conditions de vente.
Comme tout autre groupement monopolistique, l'objectif du cartel est de maximiser son profit.
On distingue plusieurs types d'ententes :

-	*Le trust :*	
-	*Le consortium*	
-	*Le conglomérat*	

Section 4 : Les groupes de pression

Mise en situation :

Initiative-Plus est une entreprise évoluant dans le secteur immobilier. Elle a plusieurs employés qui travaillent tous les jours dans les conditions difficiles : manque d'équipements de sécurité (casques, gants, bottes, couvre nez…), l'augmentation des heures de travail non payées (heures supplémentaires), manques de prise en charge des risques de travail (accidents de travail, maladie professionnelle, indemnités de licenciement…) le tout couronné par un salaire dérisoire. Les travailleurs n'arrêtent pas de se plaindre.

À votre avis, que doivent faire les travailleurs d'Initiative-Plus pour améliorer leurs conditions de travail, d'éviter des licenciements abusifs par le patron, et d'augmenter leurs salaires ?

Puisqu'on dit que l'union fait la force, les travailleurs doivent s'organiser et constituer un syndicat pour pouvoir défendre leurs droits et leurs intérêts matériels et moraux, individuels et collectifs.

Une fois organisés légalement, les travailleurs d'Initiative-Plus auront la capacité d'influencer les décisions de leurs patrons qui ne sont pas en faveur de leurs droits et leurs intérêts.

Le contenu de la leçon

Le groupe de pression est un groupement de personnes ou des entreprises autour d'un intérêt spécifique et commun qui s'organisent pour influencer les décisions du pouvoir public à leur avantage.

Les groupes de pression ne participent pas directement à la conquête du pouvoir ni à son exercice, mais ils influencent les décisions des autorités qui vont à l'encontre de leur intérêt.

Le groupe de pression est composé des groupes professionnels et des groupes de consommateurs

- **Les groupes professionnels :**

On appelle groupe socio-professionnel une subdivision de la population active basée sur le critère de travail : Profession, secteur d'activité. Il s'agit en général des syndicats professionnels, le patronat des associations d'entreprises qui ont des intérêts particuliers et communs à défendre.

Classification des groupes professionnels :

Selon la nature ou l'activité **:** on distingue les groupes industriels et les groupes bancaires.

Selon l'influence **:** Il s'agit de la nature du contrôle exercé par les actionnaires. On a le groupe sous contrôle familial, le groupe sous contrôle étatique, le groupe sous contrôle coopératif et le groupe sous contrôle étranger.

- **Les groupes de consommateurs :**

Les groupes de consommateurs sont des mouvements de défense de droit des consommateurs à travers des organisations et des associations appropriées.

Le but est de faire reconnaître les droits des consommateurs sur la qualité des produits.

Exercices de consolidation :

Sujet 1 : Quels sont les rôles des syndicats, la société civile et les partis politiques dans un pays ?

Sujet 2 : On dit que les groupes de pression ne participent pas directement à la conquête du pouvoir ni à son exercice, mais ils influencent les décisions des autorités qui vont à l'encontre de leur intérêt, selon vous que peuvent être ces décisions ?

Résumé :

Le groupe de pression est un groupement de personnes ou des entreprises autour d'un intérêt spécifique et commun qui s'organisent pour influencer les décisions du pouvoir public à leur avantage.
Les groupes de pression ne participent pas directement à la conquête du pouvoir ni à son exercice, mais ils influencent les décisions des autorités qui vont à l'encontre de leur intérêt.
Le groupe de pression est composé des groupes professionnels et des groupes de consommateurs

CHAPITRE IV

ÉTUDE SOMMAIRE DU BUDGET DE L' ÉTAT

Le bon fonctionnement de l'État repose sur l'élaboration d'un plan prévisionnel de ressources et de l'exécution correcte des dépenses.

Section 1 : Le budget de l'État

Mise en situation :

Cette année, vous décidez avec les membres de la commission culturelle de votre établissement d'organiser de façon exceptionnelle l'excursion de votre école sur le site touristique de Bel-Air dans la préfecture de Bofa avec 350 élèves.

Expliquez votre plan pour la réussite de votre sortie scolaire.

Pour la réussite de cet évènement culturel annuel qui est d'une grande importance pour notre école, nous allons baser notre stratégie sur les plans de l'organisation, de la mobilisation et des finances.

Sur le plan de l'organisation, nous mettrons les équipes de travail en commission :

- Commission recouvrement
- Commission transport
- Commission planification des activités, d'aménagement et d'embellissement du site
- Commission sécurité, etc.

Sur le plan de la mobilisation : nous communiquerons largement et donnerons des informations sur les activités attractives qui sont programmées comme :

- Les compétitions de beauté, de natation, de chant, de danse…
- Les prestations artistiques, etc.

Sur le plan des finances : le travail s'effectue sur deux volets qui retracent l'ensemble des recettes et les dépenses liées à la bonne organisation de l'évènement.

Dépenses	Quantité	Prix U	Montant	Recette	Quantité	Prix U	Montant
Les frais d'accès sur le site	350	20.000 fg	7 000 000 fg	Contributions	350	40.000 fg	14 000 000 fg
La location des bus	2	1500.000 fg	3 000 000 fg	Vente des t-shirts	350	50 000 fg	17 500 000 fg
Le mangé	350	15.000 fg	5 250 000 fg				
Les boissons	350	10.000 fg	3 500 000 fg				
Imprévus	1	2500.000 fg	2500.000 fg				
Total			**31 500 000 fg**				**31 500 000 fg**

Le contenu de la leçon

Le budget est un acte législatif par lequel l'État prévoit ses recettes et autorise l'exécution de ses dépenses au cours d'une année.

L'Assemblée nationale, dans son rôle de contrôle de l'action du gouvernement et d'adoption des lois, vote chaque année le budget proposé par le gouvernement.

Présentation du budget de l'État :

Le budget de l'État se présente comme un document qui traduit les objectifs économiques et financiers du Gouvernement, il est donc l'acte fondamental de la politique économique et sociale qui s'apprécie sous deux angles, celui des recettes et celui des dépenses.

Le budget ou la loi de finances détermine la nature, le montant et l'affectation des ressources et des charges de l'État en tenant compte de l'équilibre économique et financier.

Il a un caractère comptable, une prévision annuelle détaillée des dépenses et des recettes.

Les règles budgétaires :

On distingue principalement trois (3) règles budgétaires :

a- ***Règle de l'annualité budgétaire :***

La règle de l'annualité budgétaire est une règle qui fixe la période de l'exercice budgétaire.

La portée de ce principe est triple :

- *la périodicité du vote :* chaque année, le pouvoir exécutif présente un projet de loi de finances et le Parlement l'adopte ;
- *la portée des autorisations :* la loi de finances autorise la perception des recettes et l'exécution des dépenses pour l'année civile à venir et exclusivement pour elle ;
- *la période d'exécution :* le pouvoir exécutif doit exécuter le budget dans l'année pour laquelle il est prévu.

La session budgétaire en Guinée est fixée du 15 octobre au 31 décembre.

b- ***La règle de l'universalité budgétaire ou l'unicité de caisse :***

Elle est la règle qui fixe la modalité de conception du budget. Elle stipule que toutes les recettes doivent être rassemblées dans une caisse unique dont seront imputées les dépenses publiques. Elle comprend deux principes :

- Le principe de non-compensation : toutes les recettes et toutes les dépenses doivent être inscrites pour leur montant intégral au budget.

- Le principe de la non-affectation des ressources : il interdit la couverture de certaines dépenses par certaines ressources non inscrites.

c- **La règle de l'équilibre budgétaire :**

C'est la règle qui établit le rapport entre les recettes et les dépenses. Elle prévoit que les recettes et les dépenses doivent être équilibrées c'est-à-dire les recettes doivent être égales aux dépenses.

Élaboration du budget de l'État :

L'élaboration du budget de l'État suit six (6) étapes

a- ***Le cadrage macroéconomique*** :

À travers les hypothèses macroéconomiques, l'État établit ses orientations stratégiques basées sur les secteurs porteurs de croissance. Les données chiffrées et les tendances sectorielles sont fournies par le ministère du plan qui servent de base d'orientation stratégique.

b- ***Élaboration de la lettre circulaire*** **:**

La lettre circulaire est élaborée pour deux raisons : informer certains et demander à d'autres d'exécuter leurs budgets sectoriels.

- **Information :** Il s'agit d'informer les membres du gouvernement, les institutions de la République, les gouverneurs des régions, et les préfets de la session budgétaire.
- **L'exécution :** Il concerne les budgets sectoriels qui doivent être présentés par les directeurs nationaux, les chefs des régies financières de l'État, l'intendance générale des forces armées, les chefs de division des affaires administratives et financières, les coordinateurs et chefs des projets et programmes publics, les chefs service déconcentrés des départements ministériels.

c- ***L'arbitrage :***

Au ministère de l'Économie et des Finances, les services informés pour l'exécution viennent défendre leurs budgets sectoriels.

Après l'arbitrage on obtient l'avant-projet de la loi des finances (A.P.L.F).

d- ***L'approbation du conseil des ministres*** **:**

L'avant-projet de la loi des finances est soumis à l'approbation du conseil des ministres.

Après l'approbation du conseil des ministres, présidé par le président de la République on obtient le projet de la loi des finances (P.L.F).

e- ***Le vote à l'Assemblée nationale*** **:**

Le gouvernement envoie le projet de la loi des finances à l'Assemblée nationale pour l'adoption par vote des députés. Après examen et recommandation, le projet est adopté ainsi, on obtient la loi des finances.

f- ***La signature du président de la République*** :

La loi des finances est déposée sur la table du président de la République pour signature et promulgation. Après signature et promulgation par le président de la République, on obtient le Budget de l'État qui rentre en vigueur.

Exercices de consolidation :

Sujet 1 : Dans le cadre de l'organisation de votre anniversaire prévu le mois prochain, proposez un budget à vos parents pour la réussite de cet évènement.

Sujet 2 : Proposez un budget pour le développement de votre quartier.

Résumé :

Le budget est un acte législatif par lequel l'État prévoit ses recettes et autorise l'exécution de ses dépenses au cours d'une année. C'est un document qui traduit les objectifs économiques et financiers du Gouvernement. Il s'apprécie sous deux angles, celui des recettes et celui des dépenses.

On distingue principalement trois (3) règles budgétaires :

- *Règle de l'annualité budgétaire*
- *La règle de l'universalité budgétaire ou l'unicité de caisse*
- La règle de l'équilibre budgétaire

Section 2 : Les recettes et les dépenses de l'État

Mise en situation :

Moussa est un instituteur ordinaire. Il a une femme et deux enfants. Le mois prochain, sa femme accouchera de son troisième enfant. Son salaire ne suffit pas à couvrir les dépenses mensuelles de sa famille.

À votre avis, que doit-il faire pour assumer pleinement son rôle de chef de famille ?

Nous avons dit dans la première leçon que l'économie est la règle de la bonne gestion d'une maison et des ressources. Moussa, le chef de famille doit assumer les responsabilités de sa famille. Comme c'est lui qui doit prendre en charge : le loyer, les dépenses de nourriture, l'éducation, la scolarité des enfants, le frais de soin, les factures d'électricité, de l'eau et d'autres charges, il doit alors prendre son travail au sérieux. Puisque le revenu est toujours insuffisant pour satisfaire aux besoins illimités, alors il doit établir les principes d'utilisation des ressources pour satisfaire au maximum de besoins de sa famille. Pour cela, il doit classer les besoins par priorité et par urgence. Il doit réduire les dépenses de loisir.

Exemple de classification :

Selon l'urgence on classe : Les dépenses vitales en premier puis d'investissement et en fin dépenses de loisir

Selon la priorité on a :

a- Les dépenses courantes

- La nourriture, la boisson et le tabac,
- Le transport, le carburant, l'entretien du véhicule,
- L'entretien de la maison,
- Les frais médicaux,
- Le téléphone
- L'assistance sociale

b- Les dépenses périodiques

- Le loyer
- La scolarité
- Les factures (eau, électricité, téléphone).
- Les impôts (sur le revenu, le foncier, les vignettes, la visite technique, etc.…)
- Les assurances (maladie, vie, auto, etc.)

c- Les dépenses de renouvellement et d'investissement

- Vêtements, draps, nappes, cuillères, chaussures, etc.
- Outils de travail (ordinateurs, véhicules, appareils, etc.),
- La construction.
- L'achat de véhicule
- La plantation
- La création d'entreprises

d- Les dépenses occasionnelles

- Distractions, fêtes, mariages, voyages, baptêmes, cadeaux, anniversaires,
- Funérailles, assistance et aides

Le contenu de la leçon

1- Les recettes de l'État :

Les recettes sont l'ensemble des ressources perçues par l'État et destinées à la couverture des charges publiques.

Exemples : les taxes, les impôts, les emprunts, les dons…

Les différents types de recettes:

On distingue deux types de recettes : les recettes internes et les recettes externes.

a- Les recettes internes :

Les recettes internes sont l'ensemble des ressources mobilisées par l'État sur son territoire.

Les recettes internes sont composées des recettes fiscales et des recettes non-fiscales.

- ***Les recettes fiscales*** **:** ce sont des ressources mobilisées par voie d'autorité, à titre définitif et sans contrepartie, ce sont des prélèvements obligatoires. Exemple impôt et taxe.
- ***Les recettes non-fiscales*** **:** ce sont des ressources perçues par l'État sous forme de rémunération des services rendus et l'exploitation des ressources naturelles…

b- Les recettes externes :

Les recettes externes sont des concours de ressources perçues par l'État en dehors de son territoire sous forme d'emprunt ou de dons.

- L'emprunt est un contrat représentatif d'une dette permettant d'obtenir des fonds remboursables à une date déterminée, rémunéré par le paiement d'intérêt.
- Le don est une ressource accordée à l'État à titre gratuit.

2- Les dépenses

Les dépenses sont des décaissements effectués par l'État pour la couverture des charges publiques.

Exemple : le paiement des salaires des fonctionnaires, la construction des routes…

Les différents types de dépenses

On distingue principalement deux types de dépenses : les dépenses de fonctionnement et les dépenses d'investissement.

Dépenses de fonctionnement ou dépenses ordinaires **:** ce sont des dotations faites par l'État aux services publics pour assurer leurs fonctionnements.

Exemple : le paiement des salaires, l'achat du carburant…

Les dépenses d'investissement ou dépenses en capital **:** ce sont des dépenses que l'État effectue dans les secteurs économiques comme : l'urbanisation, les infrastructures routières, l'agriculture, le logement, les équipements, l'école...

L'exécution des dépenses de l'État se fait en deux phases :

La phase administrative qui est l'engagement, la liquidation et l'ordonnancement

La phase comptable, elle se fait au Trésor public, c'est le paiement

LA NOMENCLATURE BUDGÉTAIRE :

Les éléments du budget sont classés en fonction de section, de paragraphe et de titre appelé nomenclature budgétaire

Section 1 : les ressources publiques

Paragraphe 1 : les recettes fiscales

Titre I : les impôts et les taxes

Titres II : les impôts sur le patrimoine

Titre III : les impôts sur le commerce extérieur et les transactions internationales

Titre IV : les taxes sur les biens et services

Titre V : Autres ressources fiscales

Paragraphe 2 : Les recettes non fiscales

Titre VI : les redevances et les dividendes, les droits administratifs et les amandes

Titre VII : Autres recettes non fiscales

Titre VIII : les recettes en capital

Section 2 : les dépenses publiques

Paragraphe 1 : les dépenses courantes

Titre I : les charges financières de la dette

Titre II : les traitements et salaires

Titre III : l'achat des biens et services

Titre IV : les subventions et traitements

Paragraphe 2 : les dépenses d'investissement

Titre V : le financement intérieur, le financement extérieur

Titre VI : les investissements financiers et transferts en capital

Titre VII : l'amortissement de la dette

Exercices de consolidation

Sujet 1 : Quel est le rôle de l'Assemblée nationale dans l'adoption et dans l'exécution du budget de l'État ?

Sujet 2 : Entre la dépense de fonctionnement et d'investissement, quelle est celle qui est prioritaire ?

Sujet 3 : Les amandes sont-elles des recettes fiscales ?

Résumé :

Les recettes sont l'ensemble des ressources perçues par l'État et destinées à la couverture des charges publiques.
On distingue deux types de recettes : les recettes internes (*les recettes fiscales et les recettes non-fiscales*) et les recettes externes.
Les dépenses sont des décaissements effectués par l'État pour la couverture des charges.
On distingue principalement deux types de dépenses : les dépenses de fonctionnement et les dépenses d'investissement.

CHAPITRE V

LA CROISSANCE ÉCONOMIQUE

L'un des objectifs économiques majeurs de tous les pays est l'augmentation de leurs richesses, gage de tout investissement et de tout développement.

Section 1 : Définition des concepts croissance et développement

Mise en situation :

En Guinée, la valeur de l'ensemble des biens et services produits sur le territoire national était à 10,49 milliards de dollars en 2017, de 13,402 milliards de dollars en 2020 et de 15,85 milliards de dollars en 2021.

Que constatez-vous ? Qu'est-ce que cela peut avoir comme conséquence ?

Nous constatons que d'année en année la production intérieure du pays augmente. La richesse du pays croit de 10,49 milliards de dollars à 13,402milliards de dollars puis de 15,85 milliards. Cette situation de croissance prouve la santé de l'économie guinéenne.

Lorsque la richesse d'un pays augmente chaque année, cela peut renforcer les décisions économiques de ce pays. L'État peut investir dans les infrastructures du développement : les écoles, les hôpitaux, les routes, les logements sociaux… ; renforcer la sécurité sociale, bref, assurer le bien-être de la population.

Le contenu de la leçon

La croissance économique est une augmentation durable de la richesse d'une nation. C'est une notion quantitative qui débouche sur des mesures précises de la production à travers les indicateurs macroéconomiques comme le PIB, le PNB, le RN…

En d'autres termes, la croissance économique désigne une augmentation du revenu national par rapport à l'accroissement de la population.

Exemple : en Guinée, en 2010 la croissance du revenu national se chiffrait à 1,9 % alors que la croissance de la population était de 3 %.

La croissance se distingue de certains termes comme l'expansion, le développement, le progrès.

L'expansion :

Elle désigne l'évolution d'un ou de plusieurs indicateurs de performance dans une courte période. Autrement, c'est une augmentation quantitative et temporaire de l'économie liée à la conjoncture. Le phénomène contraire c'est la récession.

Le développement :

Le développement est une transformation qualitative et durable des structures mentales et institutionnelles qui favorise le bien-être. C'est un facteur humain qui repose sur l'amélioration des conditions de vie de la population. Il s'apprécie à travers les indicateurs sociaux comme : l'accès aux soins, à l'éducation, à la fourniture pérenne d'eau potable et d'électricité, la réalisation des infrastructures, le renforcement de la sécurité, de la paix, la quiétude sociale…

Le progrès :

Le progrès est une situation jugée meilleure par rapport au passé dans un domaine précis.

Les types de croissance:

On distingue plusieurs types de croissance.

La croissance équilibrée **:** c'est une croissance régulière qui se réalise dans le respect des équilibres macroéconomiques. L'offre globale est égale à la demande globale, O = D.

La croissance déséquilibrée **:** Elle se réalise dans l'orientation des efforts du gouvernement dans les secteurs prioritaires appelés secteurs porteurs de croissance. Le gouvernement priorise des secteurs dont les effets permettent de développer d'autres secteurs et amène ainsi à la croissance.

Exemple : le développement de l'énergie entraîne le développement de l'industrie, du commerce, de l'agriculture…

La croissance interne **:** c'est une croissance réalisée par les facteurs de production internes.

La croissance externe **:** C'est une croissance provenant des facteurs externes, mais sous le contrôle interne.

Exemple : les filiales, la fusion, la bourse…

Exercices de consolidation :

Sujet 1 : Quelle différence faites-vous entre la croissance économique et le développement ?

Sujet 2 : Quel lien faites-vous entre la croissance économique et le développement ?

Résumé :

La croissance économique est une augmentation durable de la richesse d'une nation. C'est une notion quantitative qui débouche sur des mesures précises de la production à travers les indicateurs macroéconomiques comme le PIB, le PNB, le RN…
On distingue plusieurs types de croissance.

- *La croissance équilibrée*
- *La croissance déséquilibrée*
- *La croissance interne*
- *La croissance externe*

Section 2 : Les facteurs de la croissance

Mise en situation :

La Guinéenne d'Industrie G.I a fait une planification des opérations d'accroissement de sa production annuelle de ciment qui est passée de 700 mille tonnes en 2017 à 1.400 mille tonnes en 2018.

À votre avis, qu'est-ce qui explique cet accroissement rapide de la production de ciment de la Guinéenne d'Industrie ?

L'organisation du travail, l'amélioration des conditions de travail et les conditions de vie des travailleurs, la modernisation des équipements de travail, l'intégration du progrès technique et scientifique dans le système de production sont entre autres mesures entreprises par la Guinéenne d'Industrie pour atteindre une telle croissance de sa production annuelle.

Le contenu de la leçon

L'augmentation de la richesse d'un pays où la croissance économique dépend principalement de trois facteurs essentiels : le travail, le capital et le progrès technique.

a- Le travail

Le travail est une activité consciente de l'homme au cours de laquelle il modifie les objets de la nature pour les adapter à ses besoins. En d'autres termes, c'est un ensemble d'activités humaines organisées et coordonnées en vue de produire les biens et services.

Le travail repose sur trois éléments essentiels : la force de travail, les moyens de travail et l'objet de travail.

Le travail crée la croissance sur le plan quantitatif et qualitatif.

Sur le plan quantitatif **:** Le niveau de travail dépend de l'accroissement démographique. Le président chinois Mao disait « Plus il y a de mains qui travaillent plus il y a le travail ».

Sur le plan qualitatif **:** Le travail repose sur l'organisation du travail, l'intégration du progrès technique et scientifique dans le processus de travail, la formation continue des travailleurs et le bon traitement des salariés.

Dans le cadre de l'organisation scientifique de travail, Fréderic W. Taylor dit qu'il s'agit d'organiser et de rationaliser le processus de production en respectant les principes suivants :

- Il faut étudier une technique rationnelle remplaçant les méthodes routinières ;
- Il faut transmettre systématiquement cette technique à l'exécutant bien formé pour qu'il puisse l'appliquer intégralement ;
- Il faut séparer les fonctions de préparation de travail de celles d'exécution ;
- Il faut spécialiser chacun dans l'une de ses fonctions ;
- Il faut bien rémunérer les travailleurs.

b- Le Capital :

Le capital est l'ensemble des ressources d'un agent économique dont l'emploi lui permet d'obtenir à chaque période un revenu.

Exemple : le bâtiment, l'argent, la marchandise…

(*Voir chapitre première partie, chapitre II section 3*).

La croissance par le capital

Le capital crée les conditions qui permettent de combiner activement la force de travail et les moyens de travail afin de produire les biens et services. Lorsque le capital est grand, les entreprises deviennent financièrement autonomes, elles augmentent leurs activités de production ainsi, elles créent la croissance.

c- Le progrès technique

Le progrès technique est un phénomène de modernisation (l'innovation) du système de travail et les instruments de travail. Il permet de réaliser la croissance économique sans pour autant augmenter les facteurs de production (le travail et le capital). Le progrès technique et scientifique est indissolublement lié au développement de la grande production mécanique (la révolution industrielle).

Exercices de consolidation :

Sujet 1 : Que signifie cette expression du président chinois Mao « Plus il y a de mains qui travaillent plus il y a le travail ».

Sujet 2 : Lorsque les entreprises intègrent la technologie dans leur travail, quels peuvent en être les avantages et les inconvénients ?

Résumé :

L'augmentation de la richesse d'un pays où la croissance économique dépend principalement de trois facteurs essentiels : le travail, le capital et le progrès technique.
Le travail crée la croissance sur le plan quantitatif et qualitatif.
Le capital crée les conditions qui permettent de combiner activement la force de travail et les moyens de travail afin de produire les biens et services.
Le progrès technique permet de réaliser la croissance économique sans pour autant augmenter les facteurs de production.

Section 3 : Les mesures de la croissance

Mise en situation :

Salématou est une femme brave, elle vend le riz chaque jour au carrefour de Boulbinet. Ce mardi, à cause de la grève des syndicats, demandant aux travailleurs de rester à la maison, Salématou a diminué la quantité de riz qu'elle avait l'habitude de préparer. Toute sa dépense du jour était 340.000 fg. Après la vente, elle se retrouve avec 345.000 fg, elle se dit « au moins je n'ai pas perdu »

Selon vous, a-t-elle raison ou tort ?

Nous savons qu'une activité économique est celle qui procure un revenu à l'agent économique. Salématou vend le riz tous les jours, c'est dans le but d'avoir des bénéfices. Mais pour parler de bénéfice, il faut d'abord rémunérer tous les facteurs de production. C'est-à-dire, que lorsqu'elle finit son commerce, elle doit d'abord prélever l'argent qu'elle a dépensé pour acheter les condiments et autres, en suite enlever la part destinée à rémunérer l'effort qu'elle a fourni pour préparer, ce qui représente le facteur travail. Puis prélever les taxes et en fin ce qui reste représente le bénéfice.

Salématou à tort de penser qu'elle n'a pas perdu. Elle pense que, le fait de récupérer l'argent qu'elle a dépensé lui suffit largement, alors qu'elle a travaillé pendant plusieurs heures à préparer et à vendre sans être rémunéré. Imaginez, si elle devrait payer quelqu'un d'autre pour faire la cuisine à sa place.

Le contenu de la leçon

La croissance économique est mesurée par certaines grandeurs économiques comme la valeur ajoutée, le produit intérieur brut, le produit national brut, le revenu national…

a- La valeur ajoutée :

La valeur ajoutée est la valeur nouvelle créée par un agent économique à travers son activité. Pour mesurer l'activité productive d'une entreprise, il faut calculer sa valeur ajoutée.

Valeur Ajoutée = Valeur de la production – Valeur des consommations intermédiaires.

VA = VP – CI

Valeur de la production = Prix X la quantité

b- Le produit intérieur brut :

Le PIB est un agrégat économique qui mesure le niveau de la production annuelle dans un pays donné. Il est égal à la somme des valeurs ajoutées, augmenté de la TVA et du droit de douane.

PIB = $\sum$VA + TVA + DD

c- Le produit national brut :

Le PNB est une grandeur qui mesure la valeur de la production des facteurs nationaux, que ceux-ci soient présents ou non sur le territoire.

PNB = Revenu des facteurs résidents + le revenu des facteurs non-résidents.

d- Le revenu national

Le RN mesure ce que tous les agents économiques ont gagné au cours d'une année. C'est la somme des revenus individuels.

Exercices de consolidation :

Sujet 1 : Que signifient les expressions :

- Les indicateurs économiques sont au rouge ?
- Les indicateurs économiques sont au vert ?

Sujet 2 : Selon vous, à quoi sert le calcul du PIB ?

Résumé :

La croissance économique d'un pays est mesurée par certaines grandeurs économiques comme la valeur ajoutée, le produit intérieur brut, le produit national brut, le revenu national…
Ce sont des indicateurs économiques qui montrent le niveau d'évolution de l'économie nationale sur une longue période.

REFORMULATION N° 2

Choisir la bonne réponse.

N. B. la rature est considérée comme mauvaise réponse

1. Une entente dans laquelle les entreprises unissent leurs efforts pour réaliser une opération particulière et momentanée et que chacun conserve son autonomie est un :

Cartel ☐ Trust ☐ Consortium ☐ Conglomérat ☐

2. Sur le marché d'oligopole, comment se situe le prix par rapport au prix d'équilibre ?

Au-dessus du prix d'équilibre ☐ sur le prix d'équilibre ☐ Au-dessous du prix d'équilibre ☐

3. Le marché sur lequel un petit groupe de vendeurs influence le prix est un marché de :

Monopole ☐ Oligopole ☐ Monopsone ☐ Oligopsone ☐

4. Le développement est une amélioration quantitative et durable des ressources d'un pays.

Vrai ☐ Faux ☐

5. On dit que le budget est un acte législatif parce qu'il est :

Autorisé ☐ Prévu ☐ Voté ☐ nécessaire ☐

6. Une croissance qui provient de l'accroissement des facteurs de production est :

Croissance intensive ☐ Croissance extensive ☐

7. L'offre est la quantité de biens et de services que les consommateurs souhaitent vendre sur le marché

Vrai ☐ Faux ☐

8. Dans un pays, lorsque la production nationale augmente considérablement et durablement, on dit qu'il y a :

Une expansion ☐ Un développement ☐ une croissance ☐

9. Dans l'élaboration du budget de l'État, après examen du document au conseil des ministres on obtient :

Avant-projet de la loi des finances ☐ projet de la loi des finances ☐ la loi des finances ☐

10. Le marché d'oligopsone est un marché sur lequel le nombre de vendeurs est :

Supérieur au nombre d'acheteurs ☐ Égal au nombre d'acheteurs ☐ inférieur aux acheteurs ☐

11. Dans une économie du marché, le rôle de quel acteur du marché est-il considéré comme néfaste pour la concurrence ?

Les entreprises ☐ les consommateurs ☐ l'État ☐ les Banques ☐

12. Sur un marché de concurrence pure et parfaite qui détermine les prix ?

Les vendeurs ☐ les autorités ☐ le mécanisme du marché ☐ les acheteurs ☐

13. Sur quel type de marché, l'un des acteurs est capable d'influencer les prix à la hausse :

Marché de concurrence ☐ marché de monopole ☐ marché de monopsone ☐

14. Sur le marché de concurrence imparfaite, le marché de monopsone, quel acteur est capable d'influencer les prix à la baisse ?

Les vendeurs ☐ le mécanisme du marché ☐ les acheteurs ☐

15. Sur le marché de de concurrence, lorsque l'offre augment, comment devient le prix ?

Augmente ☐ Diminue ☐ reste inchangé ☐

16. Une entreprise qui produit des biens et services puis les revend à la population veut recruter un agent commercial qu'il payera à 3 millions par mois. Cet accord relève de quel marché ?

Marché de biens et services ☐ marché financier ☐ marché de travail ☐ marché monétaire ☐

17. Deux produits sont en concurrence lorsque :

Ils sont vendus au même endroit ☐ ils ont le même prix ☐ ils satisfont aux mêmes besoins ☐

18. La quantité de biens et services qui sont mis à la disposition des ménages pour satisfaire leurs besoins de consommation est appelée :

L'Offre ☐ la demande ☐ l'offre et la demande ☐

19. L'oligopsone est une structure du marché où il y a :

Un seul vendeur ☐ un seul acheteur ☐ un Petit nombre de vendeurs ☐ un petit nombre d'acheteurs ☐

20. L'union de deux entreprises qui font les mêmes activités est :

La concentration horizontale ☐ la concentration verticale ☐ la concentration conglomérale ☐

21. Parmi les conditions de la concurrence, on a :

L'individualisme ☐ la mobilité des facteurs ☐ l'intensité de la demande ☐

22. La quantité de biens et services demandée par les consommateurs augment lors que le prix :

Augmente ☐ diminue ☐ ne varie pas ☐

23. La doctrine selon laquelle le choix des individus dépend de la satisfaction qu'ils peuvent tirer d'un bien est :

L'individualisme ☐ l'utilitarisme ☐ la transparence ☐

24. Le marché de concurrence pure et parfaite est un marché sur lequel tous les prix sont déterminés et contrôlés par les autorités

Vrai ☐ Faux ☐

25. Le marché sur lequel sont vendus les avions et les bateaux est :

Le marché de biens et services ☐ le marché de travail ☐ le marché financier ☐

26. Sur quel type de marché, les prix sont en perpétuelle variation : tantôt à la hausse tantôt à la baisse ?

Le marché de concurrence ☐ le marché de monopole ☐ le marché de monopsone ☐

27. Les impacts négatifs de l'activité productive des industries sur le bien-être de la population sont des défaillances liées :

Aux Externalités ☐ aux biens collectifs ☐ à l'asymétrie d'information ☐

28. Le facteur qui permet d'augmenter la productivité sans pour autant augmenter les facteurs de production est :

Le capital ☐ le travail ☐ le progrès technique ☐

29. Un fournisseur a accordé une réduction spéciale à son client à cause de la non-conformité des produits. Cette réduction est :

Le Rabais ☐ La remise ☐

30. Complétez le tableau ci-dessous par les termes correspondants aux droits où aux devoirs des différents acteurs économiques : instaurer une concurrence loyale sur les marchés ; être informé sur les prix et la qualité des produits ; droit de réguler les marchés ; ne pas s'entendre avec ses concurrents ; le droit à une concurrence loyale ; les dirigeants-actionnaires ne doivent pas commettre de délit d'initié ; régler ses achats ; disposer d'information sur la situation financière des entreprises

Acteurs économiques	**Droits**	**Devoirs**
Consommateur		
Producteur		
Actionnaire		
État		

TROISIÈME PARTIE

CHAPITRE I

GÉNÉRALITÉ SUR LA NOTION DE SOUS-DÉVELOPPEMENT

Malgré leurs indépendances dans les années 60, de nombreux pays africains sont encore sous-développés.

Dans ce chapitre, nous étudierons la notion du sous-développement et ses causes.

Section 1 : Définition du sous-développement et identification du groupe de pays sous-développés.

Mise en situation ou motivation :

Le Maître vous présente deux pays différents ; A et B, dont les caractéristiques sont dans les tableaux ci-dessous. En vous servant du contenu de ces deux tableaux, dites entre A et B lequel des deux pays est sous-développé ?

En vous servant toujours des deux tableaux, donnez une définition du sous-développement.

Pays A	**Pays B**
- Les routes partout et bien bitumées, - Suffisamment d'écoles bien équipées, - Des hôpitaux modernes avec le personnel qualifié. - Les logements décents pour tous - Disponibilité d'eau potable pour toute la population, - Energie en permanence, - Existence des industries lourdes - Accès facile à l'emploi, - Stabilité politique, paix, quiétude - Alternance politique facile	- Insuffisance de routes de bonne qualité - Insuffisance d'écoles, de matériels et d'enseignants qualifiés - Insuffisance d'hôpitaux modernes et de personnel qualifié - Insuffisance d'eau potable pour la population - Rareté d'énergie et d'industries, - Taux de chômage élevé - Faiblesse de revenu - Famine, Maladies de masse, - Guerres et rébellions - Instabilité politique, - Difficile alternance politique

En regardant bien les deux tableaux, on remarque que B est le pays sous-développé compte tenu des manques et des insuffisances qu'il connaît dans la satisfaction des besoins fondamentaux de sa population.

On peut dire alors qu'un pays est sous-développé, lorsque sa population manque totalement ou partiellement des biens sociaux de base qui assurent son bien-être (le logement, les soins, l'éducation, l'emploi, les routes, l'électricité, l'eau...)

Le contenu de la leçon

Le terme, pays sous-développé fut utilisé pour la première fois par Harry S. Truman[16] après la Seconde Guerre mondiale, lors de son discours d'investiture pour son second mandat le 20 janvier 1949. Le terme pays du tiers monde a été utilisé par Alfred Sauvy[17] pour désigner les pays d'Afrique et certains pays d'Asie et d'Amérique Latine.

La notion du sous-développement est un phénomène vague, elle fait l'objet de plusieurs définitions selon les auteurs.

Selon Jean de Largentaye[18] « le sous-développement est le faible degré d'utilisation des ressources naturelles »

Selon Pierre Moussa[19], « une nation sous-développée ne peut se définir que par rapport à une nation développée ».

Selon François Perroux[20] « Un pays est dit sous-développé, lorsqu'il n'arrive pas à couvrir pour la majorité de sa population les frais fondamentaux de statut de vie »

Selon les Nations-Unis, « Le sous-développement est la non-exploitation optimale de toutes les ressources disponibles sur un territoire ».

---

[16] Harry S. Truman, 33e président des États-Unis, né le 8 mai 1884 à Lamar (Missouri) et mort le 26 décembre 1972 à Kansas City.

[17] Alfred Sauvy, Économiste français, né le 31 octobre 1898 et mort 30 octobre 1990 à Paris.

[18] Jean de Largentaye, haut fonctionnaire et économiste français, né 15 novembre 1903 à Plédran et mort le 26 février 1970 à Paris. Il est le traducteur de la théorie générale de John Maynard Keynes.

[19] Pierre Moussa fonctionnaire Français d'origine Congolaise (RC), né le 5 mars 1922 à Lyon, mort en 2019 à Issy-les-Moulineaux, France.

[20] François Perroux, économiste français né le 19 décembre 1903 à Lyon, mort le 2 juin 1987 à Stains, France.

Selon Charles Bethléem « une économie sous-développée est une économie dominée, exploitée, déséquilibrée, et assujettie à l'impérialisme »

À partir de ces définitions, nous pouvons retenir que les pays sous-développés sont les pays qui ne parviennent pas, par leur travail, à satisfaire les besoins vitaux de leurs populations (le logement, les soins, l'éducation, l'emploi, les routes, l'électricité, l'eau...).

Mais le plus important est de savoir que *le sous-développement se manifeste avant tout comme un processus psychologique : c'est l'état d'esprit d'une population qui adopte une mentalité de faiblesse, accepte la subordination, fait preuve de résignation face à ses problèmes réels et manque de volonté pour transformer les conditions naturelles en potentiel de développement. C'est un État qui attend tout des autres sans prendre de décisions lui-même.*

Identification des groupes de pays sous-développés :

Les pays sous-développés n'ont pas tous le même degré de retard, ils sont classés en cinq catégories.

Les nouveaux pays industrialisés (NPI):

Les nouveaux pays industrialisés sont des pays en voie de développement qui ont amorcé un véritable décollage industriel pour rentrer dans la sphère de pays développés. La plupart de leurs activités économiques sont modernisées. Le développement de leurs industries leur permet de créer des emplois dans tous les secteurs économiques et de générer d'énormes ressources.

Dans les années 60, les nouveaux pays industrialisés (N.P.I) désignaient certains États asiatiques que sont la Corée du sud, le Singapour, le Hongkong, et le Taïwan. Ils sont devenus aujourd'hui les États développés.

Aujourd'hui, les nouveaux pays industrialisés sont représentés par les pays de B.R.I.C.S (Brésil, Russie, Inde, Chine et Sud-Afrique).

Les pays membres de l'organisation des pays exportateurs de pétrole (OPEP):

L'organisation des pays exportateurs de pétrole (OPEP) est une organisation intergouvernementale (un cartel) créée le 14 septembre 1960 à Bagdad avec l'initiative de l'Iran, du Venezuela et de l'Arabie Saoudite. Elle vise à négocier avec les sociétés pétrolières, la quantité de pétrole à produire, le prix et les droits de concession.

Les pays membres de l'OPEP sont proches du développement à cause de leurs richesses et des investissements qu'ils réalisent. Ils sont considérés comme des pays sous-développés à cause des facteurs humains et de gouvernance comme la non-application des principes démocratiques (alternance politique, le respect des droits et des libertés fondamentales)

Les pays à revenu intermédiaire (PRI):

Les pays à revenu intermédiaire (PRI) sont des pays sous-développés qui sont classés chaque année par la banque mondiale en fonction de leur revenu national brut par habitant. Ce sont les pays qui ont commencé à avoir une certaine stabilité économique grâce à l'instauration d'une discipline budgétaire et d'une saine politique monétaire et fiscale.

En juillet 2023, la banque mondiale a classé la Guinée dans la catégorie les pays à revenu intermédiaire.

Les pays moins avancés (PMA):

L'expression "pays moins avancé" désigne une catégorie de pays créés en 1971 par l'Organisation des Nations Unies regroupant les pays les moins développés de la planète dont les indices de développement humain IDH sont les plus faibles.

Critères d'identification des PMA :

Dans sa définition de 2003, le conseil économique et social des Nations Unies a retenu trois critères pour déterminer la liste des pays moins avancés.

- Lorsque le revenu par tête d'habitant est inférieur à 900 dollars par an pendant 3 ans ;
- Lorsque le développement humain basé sur les indicateurs de santé, de nutrition et de scolarisation connaît un retard.
- Lorsque le pays connaît des vulnérabilités économiques basées sur l'instabilité, la production et l'exportation agricole.

Les pays pauvres très endettés (PPTE):

Les pays pauvres très endettés (PPTE) sont des groupes de pays d'extrême pauvreté, vivant sous le poids des dettes extérieures qu'ils ne peuvent rembourser. Ce sont des pays qui sollicitent l'aide technique et financière de la communauté internationale qui passe par l'ajustement structurel. Ce qui leur permet de dynamiser le fonctionnement de leurs institutions, de favoriser l'annulation de leurs dettes extérieures et de faciliter l'accès aux nouveaux financements.

Pour aider ces pays pauvres, les institutions de Bretton Woods (Banque Mondiale et FMI) ont lancé une initiative appelée initiative PPTE, visant à annuler les dettes extérieures de ces catégories de pays pauvres.

La première initiative a été lancée en 1996 lors du sommet du G8 à Lyon en France.

Pour bénéficier de l'initiative PPTE le pays doit remplir certains critères

a- Le point de décision :

Pour qu'un pays soit éligible à cette initiative, il doit remplir quatre conditions qui sont :

- Être admissible à l'assistance concessionnelle de la part du FMI et de la Banque Mondiale
- Faire face à un niveau de dette insoutenable
- Mettre en œuvre des réformes et de saines politiques économiques dans le cadre du programme soutenu par le FMI et la banque mondiale
- Formuler le document de stratégie pour la réduction de la pauvreté DSRP.

b- Le point d'achèvement :

À ce niveau, le pays reçoit l'allègement intégral et irrévocable de ses dettes. Le point d'achèvement veut dire, que le pays a rempli les trois autres conditions :

- Donner les preuves de bonnes performances dans le cadre du programme.
- Exécuter de manière satisfaisante les réformes convenues au point de décision
- Mettre en œuvre au moins pendant un an son DSRP.

La conditionnalité politique est primordiale, seuls les pays jugés politiquement corrects, respectant les principes démocratiques peuvent bénéficier de l'initiative PPTE.

Exercices de consolidation :

Sujet 1 : Quels sont les avantages liés à l'atteinte du point d'achèvement de l'initiative PPTE pour un pays sous-développé ?

Sujet 2 : Qu'est-ce que le document de stratégie pour la réduction de la pauvreté DSRP ?

Résumé :

La notion du sous-développement est un phénomène vague, elle fait l'objet de plusieurs définitions selon les auteurs.

Selon Jean de Largentaye « le sous-développement est le faible degré d'utilisation des ressources naturelles »

Selon Pierre Moussa, « une nation sous-développée ne peut se définir que par rapport à une nation développée ».

Selon François Perroux « Un pays est dit sous-développé, lorsqu'il n'arrive pas à couvrir pour la majorité de sa population les frais fondamentaux de statut de vie »

Selon Charles Bethléem « une économie sous-développée est une économie dominée, exploitée, déséquilibrée, et assujettie à l'impérialisme »

Les pays sous-développés n'ont pas tous le même degré de retard, ils sont classés en cinq catégories.

- *Les nouveaux pays industrialisés (NPI)*
- *Les pays membres de l'organisation des pays exportateurs de pétrole (OPEP)*
- *Les pays à revenu intermédiaire (PRI)*
- *Les pays moins avancés (PMA)*
- *Les pays pauvres très endettés (PPTE)*

Section 2 : les causes du sous-développement

Mise en situation :

Dans les années très reculées de l'histoire de l'humanité, chaque communauté vivait de ses propres moyens de production. Elle avait sa propre culture, ses mœurs, ses coutumes, ses langues de communication, ses méthodes d'enseignement ou de transmission de la connaissance, ses moyens de traitement des maladies, ses moyens de déplacement, son organisation interne de la gestion publique, etc. Plusieurs années après, certains États se sont démarqués en adaptant leurs situations au contexte du temps, en améliorant les conditions de vie de leurs populations, tandis que d'autres peinent à nourrir leurs populations, à offrir une éducation de qualité, une vie décente...

À votre avis qu'est-ce qui est à l'origine du retard dans lequel vivent ces États ?

Si les pays d'Afrique en général, certains d'Asie et d'Amérique Latine sont en retard ou sous-développés, cela est dû aux facteurs historiques et actuels, mais également aux facteurs internes et externes

Le contenu de la leçon

Le sous-développement de la plupart des pays est causé par les phénomènes historiques non négligeables qui sont l'esclavage et la colonisation, mais également par les phénomènes actuels dominés par l'influence des puissances étrangères et le comportement des dirigeants à l'interne.

Causes historiques :

L'esclavage a vidé les pays dominés de leurs ressources humaines qui sont les plus importantes des ressources. Les bras valides qui devraient assurer les travaux champêtres et artisanaux, la défense et la sécurité furent vendus pour servir ailleurs dans d'autres continents.

La colonisation quant à elle, a vidé les colonies de leurs ressources minières et agricoles pour alimenter les industries de la métropole. C'était l'époque de pillage à grande échelle des nations dominées. Les emplois étaient compromis et les revenus avaient diminué. Avec la fixation des frontières arbitraires et la méthode de la table rase, la colonisation a détruit les cultures, les civilisations, la confiance en soi, le génie créateur des pays dominés. Elle a transformé les populations colonisées en consommateurs des produits manufacturés.

Bien que les pays soient indépendants depuis plusieurs années, le déracinement causé par la colonisation affecte encore les populations en créant un complexe d'infériorité notoire. Les cultures et les langues étrangères sont imposées. Les productions locales sont dévalorisées au profit de celles importées. La mentalité de subordination est inculquée depuis l'école. Les gouvernants reçoivent des ordres de l'étranger concernant les décisions politiques et économiques de leurs propres pays.

Cette domination qui a appauvri les pays sous-développés persiste encore aujourd'hui.

Les causes actuelles du sous-développement

L'avènement de l'indépendance a permis aux États colonisés de recouvrer leur indépendance politique. Malgré tout, ils sont encore sous-développés.

Aujourd'hui, le sous-développement est causé par deux facteurs : l'influence des pays développés et le mauvais comportement des dirigeants dans la gestion de la chose publique c'est-à-dire, les causes externes et les causes internes.

A- Causes externes du sous-développement ou causes exogènes :

Le retard des pays sous-développés est en partie lié à l'échange inégal dans le commerce international, l'exploitation financière, le transfert de la technologie et la dépendance technique, dans leurs relations avec les pays industrialisés

L'échange inégal dans le commerce international :

Le commerce international est l'ensemble des transactions matérielles, monétaires et financières qui s'effectuent entre les pays. Sur le marché international deux groupes de pays se rencontrent, d'un côté les pays développés et de l'autre, les pays sous-développés. Se hisser au sommet du commerce international est la préoccupation de tous les pays. Cet objectif est basé sur les stratégies économiques internes notamment la politique industrielle et commerciale. Les pays sous-développés étant peu industrialisés, ne peuvent donc vendre que leurs matières premières (les produits agricoles et miniers) pour avoir des devises tandis que les pays développés vendent des produits finis (manufactures).

L'échange inégal dans le commerce international se fonde sur une inégalité au sens de l'injustice entre les pays développés et les pays sous-développés.

L'inégalité dans le commerce international se situe d'une part dans la fixation des prix des marchandises. Les pays développés vendent leurs produits manufacturés aux pays sous-développés à des prix très élevés qui les fixent par eux-mêmes. Pour se procurer des devises leur permettant d'acheter les produits manufacturés, les pays sous-développés sont obligés de vendre leurs matières premières dont les prix sont encore fixés par les puissances étrangères.

D'autre part, l'inégalité dans le commerce international se situe dans la détérioration des termes de l'échange. Les termes de l'échange désignent le rapport entre l'indice des prix à l'exportation et l'indice des prix à l'importation, $\frac{l'indice des prix à l'exportation}{l'indice des prix à l'importation}$. Si cette valeur est faible, cela signifie que les prix des produits importés sont chers par rapport aux produits exportés.

Les conséquences de l'échange inégal dans le commerce international sont nombreuses, on peut citer :

- Le déficit de la balance commerciale
- La baisse des recettes externes
- La baisse du revenu national
- La dépendance économique

Quelques pistes de solution

Pour réduire les inégalités dans le commerce international, les pays sous-développés doivent :

- Produire en grande quantité
- Valoriser les produits locaux
- Développer l'industrie pour transformer les matières premières sur place
- Développer les échanges avec les autres pays sous-développés

L'exploitation financière :

Les pays sous-développés sont généralement pauvres, ils n'ont pas suffisamment de recettes pour faire face à toutes leurs dépenses. Ils sont obligés de s'endetter auprès des puissances ou des institutions financières internationales (Banque Mondiale, FMI…). À l'échéance, ces dettes doivent être remboursées avec des taux d'intérêt qui sont très élevés. Chaque année, la grande partie des recettes de ces pays est destinée au remboursement de la dette. Par cet acte, d'autres déficits se créent, le phénomène devient cyclique. En plus des intérêts, les pénalités de retard augmentent la dette.

Le président Mobutu disait « Ce sont les riches des pays pauvres qui enrichissent les pauvres des pays riches ». En analysant bien le fond, on trouve que l'assistance profite avant tout aux pays préteur.

L'assistance financière est faite le plus souvent, pour permettre aux pays dits pauvres d'acheter les équipements modernes fabriqués et vendus par les pays donateurs eux-mêmes. C'est une façon d'entretenir la clientèle en donnant la dette aux pauvres pour acheter leurs marchandises. C'est comme l'autofinancement des pays riches eux-mêmes.

En plus, les financements sont obtenus dans les conditions difficiles, avec les taux d'intérêt exorbitants et les délais de remboursement très courts.

Imaginez un pays dont le revenu est de 500.000f et ses dépenses sont de 700.000f. son déficit est de 200.000f. Pour équilibrer, il prend une dette de 200.000f. L'année prochaine, son déficit sera de 400.000f puisque, lorsqu'il va rembourser la dette de 200.000f de son revenu 500.000f il lui restera 300.000f. Pour équilibrer, il lui faut une dette de 400.000f. À chaque échéance le déficit augmente et crée la dépendance financière.

Conséquences de l'exploitation financière :

L'exploitation financière a de nombreuses conséquences dont :

- l'appauvrissement croissant des pays pauvres
- la dépendance économique, financière et politique
- la réduction des investissements publics de ces pays
- le freine du développement de ces pays

Quelques pistes de solution

Pour lutter contre l'exploitation financière, les pays sous-développés doivent :

- assurer la bonne gouvernance
- mobiliser les ressources internes
- réduire la dette publique

Le transfert de la technologie et la dépendance technique :

Le transfert de la technologie est la mobilité des fruits de la technologie des pays développés vers les pays sous-développés (machine, équipements…). Les équipements modernes fabriqués dans les pays développés sont vendus dans les pays sous-développés.

Le transfert de la technologie se fait sous trois formes :

- l'importation des machines et outils
- l'importation de la main d'œuvre
- l'importation des Usines.

Les conséquences du transfert de la technologie :

Le transfert de la technologie a des conséquences positives et négatives :

Les conséquences positives :

- il favorise la croissance sectorielle de l'économie
- il favorise la création de l'emploi et la qualification professionnelle

Les conséquences négatives :

- il réduit le pays sous-développé en simple consommateur des fruits de la technologie.

- il détruit les techniques traditionnelles, les coutumes
- il entraîne la fuite des cerveaux
- il occasionne la sortie massive des capitaux
- il entraîne la dégradation de l'environnement
- il augmente la dette extérieure
- il entraîne la dépendance technique.

B- Les causes internes du sous-développement ou causes endogènes :

Le sous-développement est également causé par les facteurs internes comme : l'instabilité politique, la mal-gouvernance et la difficile alternance au pouvoir.

a- L'instabilité politique :

L'instabilité politique est la fragilisation socio-politique des institutions de la République qui se manifeste à travers les troubles sociaux et politiques (les coups d'État, la rébellion, la grève, les émeutes...)

Les causes de l'instabilité politique :

L'instabilité politique dans un État est causée par :

- Le non-respect des lois : les lois sont l'ensemble des règles qui régissent la vie en société. Il y a la loi fondamentale qui est la constitution et les lois organiques qui déterminent le fonctionnement des organes de l'État. Le non-respect de ces lois peut entraîner des troubles politiques et institutionnels comme les coups d'État, la rébellion...
- La centralisation du pouvoir : lorsque l'exécutif se substitue au pouvoir législatif et judiciaire ou s'immisce dans leurs fonctionnements, cela peut créer un dysfonctionnement de l'appareil de l'État.
- Le non-respect des droits et des libertés fondamentales de la population : lorsque les libertés sont menacées, les droits sont bafoués, cela peut créer les troubles sociaux comme la grève, la rébellion...

b- La mal-gouvernance :

C'est l'ensemble des décisions, des règles et des pratiques qui ne visent pas à assurer le bon fonctionnement de l'État. C'est l'ensemble des mauvais comportements des dirigeants dans la gestion de l'État au plan politique, économique, juridique et social. Elle est souvent liée à l'incompétence, à la mauvaise foi, à l'inconscience, au manque de patriotisme, à l'immoralité, à l'ambition démesurée...

La mal-gouvernance est caractérisée par :

- ***Le manque de transparence dans la gestion de deniers publics :***

Tous les actes administratifs doivent être matérialisés par écrit pour assurer la continuité des services publics. Lorsqu'il y a manque de transparence, le contrôle devient impossible et la succession devient difficile. Quand les actes posés par les administrateurs ne sont pas archivés, l'administration sera exposée à la corruption, au vol, au détournement…

- ***L'impunité :***

L'impunité est le manque de sanction au sein de l'administration publique. La loi a un caractère général, et nul n'est censé ignorer la loi. Lorsque la complaisance et le favoritisme dominent l'administration publique, l'application de la loi devient difficile, cela détruit l'autorité de l'État et ouvre la voie à toutes sortes d'infractions : le détournement, la corruption, le vol, la gabegie financière, l'enrichissement illicite, le blanchiment des capitaux, l'abus d'autorité, le trafic d'influence, l'ingérence…

- ***Le détournement des deniers publics :***

Le détournement des deniers publics est l'utilisation des biens ou des fonds de l'État dans un objectif non assigné en vue de s'en approprier.

Par exemple, pour la construction d'une école de 6 salles de classes à Pita, l'agent public en charge de la construction fait 5 salles de classes, cela constitue un détournement. Ou bien, au lieu de Pita, il construit effectivement les 6 salles de classe, mais dans sa ville natale à Kankan.

- ***Le vol :***

Le vol est la soustraction frauduleuse des biens d'autrui ou de l'État. Le voleur dissimule son acte, trompe la vigilance des contrôleurs afin de s'approprier les biens de l'État. Le vol des biens ou de l'argent de l'État se fait généralement avec des complicités.

- ***La corruption :***

La corruption est l'acte qui pousse un commis de l'État à agir contre son devoir moyennant une contrepartie. Celle-ci peut être monétaire, une promesse, ou autres moyens d'influence.

Selon l'article 3 de la loi anticorruption, "la corruption est le résultat des moyens utilisés et des actions tendant à détourner quelqu'un de ses devoirs pour le déterminer à accomplir ou à s'abstenir d'accomplir un acte de sa fonction, moyennant un avantage indu ou un enrichissement illicite".

c- La difficile alternance au pouvoir :

La démocratie exige l'alternance. La loi fondamentale détermine le mandat des dirigeants à 5 ans ou 7 ans généralement renouvelables une fois. L'éternisassions des dirigeants au pouvoir entraîne l'instabilité politique.

La question d'alternance démocratique suscite de nombreux problèmes dans les pays sous-développés. Depuis l'indépendance, la Guinée a connu de nombreuses crises politiques et sociales liées à la difficulté d'alternance politique. Cette impossibilité d'alternance fut à l'origine du coup d'État militaire du 3 avril 1984 par le Comité Militaire de Redressement National (CMRN) dirigé par le colonel Lansana Conté, de multiples grèves, des manifestations de rues souvent violentes, de la fragilisation du tissu social et du coup d'État militaire du 23 décembre 2008 par le Comité National pour la Démocratie et le Développement CNDD dirigé par le capitaine Moussa Dadis Camara et du coup d'État du 5 septembre 2021 par le Conseil National de Rassemblement et du Développement CNRD à sa tête le Colonel Mamadi Doumbouya.

Exercices de consolidation :

Sujet 1 : Expliquez comment l'échange inégal constitue un fléau au progrès des pays en voie de développement.

Sujet 2 : Au nombre des causes du sous-développement, l'histoire retient en bonne place, l'exploitation et l'oppression coloniales du tiers monde.

1- Expliquez les conséquences de ces causes.

2- Ces causes persistent-elles encore de nos jours ? Sont-elles les seules causes qui expliquent le retard de ces pays dits sous-développés ?

Sujet 3 : Le sous-développement des uns, dit-on est la conséquence du développement des autres.

Expliquez et commentez.

Sujet 4 : En vous servant des exemples de votre pays, dites quelles sont les causes des coups d'État en Afrique ?

Sujet 5 : Selon Jules Ferry « La politique coloniale est fille de la politique industrielle »

Expliquez

Résumé :

Le sous-développement de la plupart des pays est causé par les phénomènes historiques non négligeables qui sont l'esclavage et la colonisation, mais également par les phénomènes actuels dominés par l'influence des puissances étrangères et le comportement des dirigeants à l'interne.

Aujourd'hui, le sous-développement est causé par deux facteurs : l'influence des pays développés et le mauvais comportement des dirigeants dans la gestion de la chose publique c'est-à-dire, les causes externes et les causes internes.

Causes externes du sous-développement ou causes exogènes :

- L'échange inégal dans le commerce international
- L'exploitation financière :
- Le transfert de la technologie et la dépendance technique :

Les causes internes du sous-développement ou causes endogènes :

- L'instabilité politique :
- La mal-gouvernance :
- La difficile alternance au pouvoir :

CHAPITRE II

LES CARACTÉRISTIQUES DU SOUS-DÉVELOPPEMENT

Dans un ensemble de pays, on peut distinguer les pays sous-développés à travers certains critères appelés caractéristiques économiques et extra-économiques du sous-développement.

Section 1 : les caractéristiques économiques du sous-développement

Mise en situation :

Au cours de vos voyages, vous avez parcouru plusieurs pays qui vous ont émerveillé. Et d'autres, sans qu'on ne vous ait dit quoique ce soit, vous avez compris immédiatement que ce sont les pays sous-développés. En vous servant de vos observations et des informations télédiffusées, énumérez les éléments qui vous ont permis de savoir que ce sont des pays sous-développés.

Nous remarquons que les pays sous-développés se reconnaissent en général par la faiblesse des leurs facteurs économiques essentiels comme : la faiblesse de l'agriculture et de l'élevage, la faiblesse de l'énergie et de l'industrie, la faiblesse du revenu national, la faiblesse des transports et hypertrophie du secteur tertiaire.

Le contenu de la leçon

Les pays sous-développés sont des pays pauvres, ils se caractérisent par la faiblesse de leurs secteurs réels ou secteurs économiques clés comme :

1. ***La faiblesse de l'agriculture et de l'élevage :***

A- La faiblesse de l'agriculture

L'agriculture est l'ensemble des activités de l'homme basées sur l'exploitation du sol pour obtenir des produits végétaux. Elle est le soubassement de développent économique d'un pays. Elle crée des emplois, produit des biens alimentaires et non alimentaires.

Dans les pays sous-développés, l'agriculture est du type extensif. Elle exploite une vaste étendue de terre pour un rendement faible. L'amélioration de la productivité agricole dans les pays sous-développés est un grand défi pour assurer la sécurité alimentaire de la population.

Les causes de la faiblesse de l'agriculture dans les pays sous-développés sont :

- la médiocrité des conditions naturelles (sécheresse, inondation, désert…)
- l'insuffisance d'outils de travail modernes
- la médiocrité du système cultural
- la pauvreté des paysans
- l'insuffisance des crédits agricoles
- le manque de formation des agriculteurs
- le manque de volonté politique

Les moyens de remédiation :

Pour remédier à la faiblesse de l'agriculture dans les pays sous-développés il faut :

- la volonté politique réelle
- l'utilisation des moyens modernes de production
- l'amélioration des techniques agricoles
- l'utilisation des semences améliorées
- l'utilisation des intrants agricoles (engrais, insecticides, herbicides…)
- La formation des paysans à la technique culturale
- la création des banques agricoles.

*B- **La faiblesse de l'élevage :***

L'élevage est l'ensemble des activités de l'homme qui assurent l'entretien et la multiplication des animaux souvent domestiques et parfois sauvages. Il est le moteur du développement d'un pays. Il contribue à la sécurité alimentaire, à la nutrition, à la réduction de la pauvreté, à la création d'emploi et à la croissance économique.

Dans les pays sous-développés, l'élevage est de type traditionnel, il était pratiqué sous-forme de nomadisme. Pour beaucoup d'éleveurs, il est pratiqué comme activité secondaire. Il est généralement basé sur les bovins, les ovins, les caprins, les équidés et les volailles.

Le résultat de ce type d'élevage est médiocre en viande, en lait, en œuf.

Les causes de la faiblesse de l'élevage dans les pays sous-développés :

La faiblesse de l'élevage dans les pays sous-développés est causée par :

- le manque de volonté politique
- la pratique traditionnelle de l'activité
- la pauvreté des éleveurs
- le manque de formation des éleveurs
- la faiblesse de la médecine vétérinaire

2. *La faiblesse de l'industrie et de l'énergie*

a- La faiblesse de l'industrie

L'industrie est l'ensemble des activités économiques de conception, de fabrication et de la vente des biens matériels grâce à l'utilisation des instruments mécanisés.

Un pays industrialisé dispose des unités de transformation des matières premières en produits finis : les industries agro-alimentaires, de textiles, les industries extractives, des industries de montage des engins lourds (véhicules, bateaux, avions...) et les industries d'armements...

L'industrie est indispensable au développement socio-économique d'un pays. Elle favorise la création de l'emploi, l'augmentation de la production, l'équilibre de la balance commerciale, ainsi que la croissance économique

Mais malheureusement dans les pays sous-développés, l'industrie est très faible. On n'y rencontre que des industries légères (textiles, alimentaires...) et quelques industries extractives qui sont tout de même étrangères.

Une industrie de montage de bateau, de train, d'aéronautique, ou d'armement est plus rentable que plusieurs entreprises alimentaires ou textiles réunies.

Les causes de la faiblesse de l'industrie :

La faiblesse de l'industrie dans les pays sous-développés est causée par :

- le manque de volonté politique
- la faiblesse de l'énergie
- le manque de capitaux
- le manque de compétences

- le nombre réduit d'investisseurs nationaux dans ce domaine

b- La faiblesse de l'énergie :

L'énergie est la capacité à effectuer des transformations. Elle est pour l'industrie ce que l'oxygène est pour l'homme. Elle est indispensable au développement économique et social d'un pays. Elle ouvre la voie aux investissements, aux innovations. Elle crée les emplois et assure la croissance économique.

L'industrialisation ne peut se faire sans l'énergie, mais très malheureusement, l'énergie est faible dans les pays développés malgré les immenses potentialités énergétiques (barrage hydroélectrique, charbon, pétrole, gaz, eau, vent, soleil, uranium…).

Les causes de la faiblesse de l'énergie dans les pays sous-développés :

La faiblesse de l'énergie dans les pays sous-développés est causée par :

- le manque de volonté politique
- le manque de moyens financiers
- le manque d'experts nationaux
- la mal gouvernance

3. L'hypertrophie du secteur tertiaire :

Le secteur tertiaire est le secteur de prestation de services, il couvre un ensemble d'activités qui s'étend du commerce à l'administration, en passant par le transport, les activités financières, et immobilières, les services aux entreprises et aux particuliers, l'éducation, la santé et les actions sociales.

Dans les pays sous-développés, le fait économique le plus remarquable est la forte proportion qu'occupe le secteur tertiaire. L'hypertrophie du secteur tertiaire est le développement anormal et abusif de ce secteur qui n'est pourtant qu'un secteur de services. Les activités du secteur de production et de transformation sont reléguées au second plan. La majorité de la population s'oriente vers les activités de prestation de services.

Les causes de l'hypertrophie du secteur tertiaire dans les pays sous-développés :

L'hypertrophie du secteur tertiaire dans les pays sous-développés est causée par :

- la faiblesse du secteur primaire et secondaire
- le manque d'emploi

- le manque de qualification
- le manque de volonté politique
- la pauvreté

4. La faiblesse du transport :

Le transport est l'ensemble des moyens permettant d'assurer le déplacement des personnes et des marchandises d'un endroit à un autre. C'est un facteur essentiel de développement, il lie les zones de production aux zones de consommation, les zones rurales aux zones urbaines. Il regroupe les infrastructures de transport (Routes, Rails, Ports, Aéroports, Gares...) et les moyens de transport (Véhicules, Trains, Avions, Bateaux...). Il est pour l'économie ce que les vaisseaux sanguins sont pour l'organisme humain. Mais malheureusement, malgré son importance, il est faible dans les pays sous-développés.

Les causes de la faiblesse du transport dans les pays sous-développés :

La faiblesse du transport dans les pays sous-développés est causée par :

- le manque volonté politique
- le manque de capitaux
- le manque d'industrie de montage
- le manque d'expertise
- la mal-gouvernance

La faiblesse du transport dans les pays sous-développés a de nombreuses conséquences dont :

- le ralentissement des activités économiques
- l'inflation
- la baisse des revenus

5. La faiblesse du revenu national :

Le revenu national est l'ensemble des richesses créées dans un pays par les unités de productions nationales au cours d'une année. C'est la somme des revenus individuels, la valeur ajoutée créée à travers l'activité des agents économiques.

Malheureusement, la production nationale étant faible dans les pays sous-développés le revenu national est aussi faible.

Les causes de la faiblesse du revenu national dans les pays sous-développés :

La faiblesse du revenu national dans les pays sous-développés est causée par :

- la faiblesse de la production nationale
- la faiblesse de l'agriculture et de l'élevage
- la faiblesse de l'industrie et de l'énergie
- la faiblesse du transport
- la mal-gouvernance.

Exercices de consolidation :

Sujet1 : Quels liens établissez-vous entre les différentes caractéristiques économiques du sous-développement ?

Sujet 2 : L'industrie, plaque tournante de toute économie est symbole de modernité et de puissance. En effet, la faiblesse de cette activité explique clairement le retard économique des pays du tiers monde.

Justifiez.

Sujet 3 : Malgré l'importance de l'agriculture, son résultat est loin d'être brillant dans les pays sous-développés.

Dégagez les causes de cette médiocrité et ses conséquences dans la vie économique des pays sous-développés.

Résumé :

Les pays sous-développés sont des pays pauvres, ils se caractérisent par la faiblesse de leurs secteurs réels ou secteurs économiques clés comme

1. *La faiblesse de l'agriculture et de l'élevage*
2. *La faiblesse de l'industrie et de l'énergie*
3. *L'hypertrophie du secteur tertiaire*
4. *La faiblesse du transport :*
5. *La faiblesse du revenu national :*

Section 2 : les caractéristiques extra-économiques du sous-développement

Mise en situation :

Nous avons énuméré les caractéristiques économiques qui nous ont permis de connaître les pays sous-développés parmi tant d'autres. Selon vous, il y a-t-il d'autres facteurs non économiques qui caractérisent les pays sous-développés ?

Au-delà des caractéristiques économiques, nous avons remarqué que les pays sous-développés sont aussi caractérisés par les facteurs extra-économiques qui sont des problèmes liés à l'accroissement démographique, à la santé, à l'alimentation et aux facteurs socioculturels.

Le contenu de la leçon

Certains problèmes liés à la vie sociale de la population permettent de caractériser les pays sous-développés : les problèmes démographiques, alimentaires, sanitaires et socioculturels.

Les problèmes démographiques :

L'accroissement démographique n'est pas un problème en soit, comme on veut le faire croire aux pays sous-développés. C'est la non-utilisation rationnelle du potentiel démographique qui cause problème. Nous savons que dans un pays, la richesse s'accumule pour créer une croissance économique, tandis que la population se multiplie, donc la population croît plus vite que la richesse. Le fait que le taux d'accroissement de la population soit supérieur à celui de la richesse nationale, explique la pauvreté et la misère dans les pays sous-développés. En plus, s'ajoute la question de l'emploi qui est un problème crucial. Pendant que les milliers de diplômés sortent des institutions d'enseignement supérieur, techniques et professionnels et qui sont déversés sur le marché de l'emploi chaque année, la politique de l'emploi est reléguée au second plan.

Il est facile de se développer avec une forte démographie lorsque tout le monde travaille et que chacun participe à la création de la valeur ajoutée.

Les causes de l'explosion démographique :

Les raisons de l'explosion démographique dans les pays sous-développés sont :

- les mariages précoces
- la polygamie
- la question de main d'œuvre

- la croyance religieuse.
- L'analphabétisme.
- La pauvreté.

Les problèmes alimentaires :

Dans les pays sous-développés, il existe une situation alimentaire qui lie la sous-nutrition à la malnutrition c'est-à-dire que les aliments sont non seulement insuffisants, mais aussi de mauvaise qualité. Ce problème est causé par la faiblesse de l'agriculture dans les pays sous-développés ; à l'insuffisance des industries alimentaires nationales ; à l'importation massive des produits étrangers qui ne répondent pas aux normes. D'ailleurs, c'est ce qui est à la base de plusieurs maladies.

Les problèmes sanitaires :

Malgré le progrès réalisé dans le domaine de la santé, la population du tiers monde souffre encore des maladies de masse comme : le paludisme, la fièvre hémorragique à virus Ebola, le VIH/SIDA... et d'autres maladies comme la poliomyélite, le cancer, le diabète, l'hépatite...

La fragilité du système de santé dans les pays sous-développés est due :

- au manque de volonté politique
- à l'insuffisance d'hôpitaux moderne et d'équipés
- à l'insuffisance de médecins qualifiés
- à la faiblesse des recherches dans le domaine de la médecine
- au manque d'industrie pharmaceutique
- à la pauvreté

Les problèmes socio-culturels :

La perte de l'identité culturelle dans les pays sous-développés est la résultante de deux facteurs importants. D'abord la colonisation qui a détruit de façon systématique les cultures, les coutumes des pays sous-développés. Ensuite vient la mondialisation qui impose la culture occidentale à tout le monde, parfois en opposition avec celle des pays sous-développés. Les langues étrangères, tout comme le mode vestimentaire, l'éducation occidentale, l'organisation sociale et politique sont imposés. Cela a amené des pratiques nouvelles et dangereuses comme : la délinquance juvénile, l'homosexualité, la pédophilie, la toxicomanie, la zoophilie, l'avortement, la pornographie, le vol, le détournement, la corruption, etc.

Dans les pays sous-développés, le système éducatif est faible. Cette faiblesse est liée au manque d'infrastructures scolaires, d'équipements, de manuels, et à l'insuffisance de la formation des formateurs.

Les problèmes liés à l'instabilité (les grèves, les manifestations politiques, les conflits ethniques) affectent le tissu social dans les pays sous-développés et compromettent la paix et la cohésion sociale.

Le terrorisme, le banditisme et la délinquance créent l'insécurité dans les pays sous-développés.

Exercices de consolidation :

Sujet 1 : En vous inspirant des réalités économiques de votre pays, expliquez les raisons de l'hypertrophie du secteur tertiaire.

Quelle approche de solutions proposeriez-vous pour dynamiser la structure économique dans les pays sous-développés ?

Sujet 2 : les problèmes alimentaires sont particulièrement graves dans les pays sous-développés. En vous basant sur des réalités économiques de votre pays, dégager les causes liées à ces problèmes d'alimentation dans les pays sous-développés

Résumé :

Certains problèmes liés à la vie sociale de la population permettent de caractériser les pays sous-développés comme :

- les problèmes démographiques,
- les problèmes alimentaires,
- les problèmes sanitaires
- les problèmes socioculturels.

CHAPITRE III

LES CONDITIONS ESSENTIELLES DU DÉVELOPPEMENT

Le développement est un processus d'amélioration des conditions et la qualité de vie de la population. Il se distingue de la croissance économique qui est l'augmentation de la richesse d'un pays pendant une année. L'augmentation de la richesse n'implique pas toujours le développement qui vise le bien-être social.

Section 1 : Les préalables pour un véritable développement

Mise en situation :

Le développement est un processus global et inclusif de tous les facteurs et les forces composantes de la nation (la société civile, le patronat, les partis politiques, les syndicats, le gouvernement, les forces de défense et de sécurité...)

À votre avis, que faut-il pour que l'inclusion dans le processus du développement de toutes les forces composantes de la nation soit effective dans les pays sous-développés ?

Le développement devient global et inclusif de tous les facteurs et les forces composantes de la nation, lorsque le fonctionnement de l'État repose sur les principes démocratiques (le respect des lois, la séparation des pouvoirs, l'alternance politique…) et la bonne gouvernance. C'est le fondement d'un développement harmonieux et durable.

Le contenu de la leçon

Le développement est un processus d'amélioration des conditions de vie d'une population. Il se distingue du développement durable, qui est celui qui répond aux besoins présents de la population sans porter préjudice aux générations futures. Il repose sur trois piliers : le pilier économique, le pilier social et le pilier environnemental.

A- Le pilier économique

Le développement est un processus de plusieurs années, il ne peut être réalisé que lorsqu'il est bâti sur un fondement solide qui est la bonne gouvernance.

La bonne gouvernance est la politique des dirigeants qui consiste à faire du citoyen un acteur important du développement de sa localité. C'est un exercice de l'autorité politique, économique, administrative en vue de gérer les affaires d'un pays à tous les niveaux. Elle englobe les mécanismes, le processus et les institutions par le biais desquels les citoyens et les groupes expriment leurs intérêts, exercent leurs droits et assurent leurs obligations. Elle est basée sur la transparence dans la gestion des biens publics, le respect des lois et des droits fondamentaux, la lutte contre la corruption, le détournement, et l'impunité, ainsi que la valorisation des compétences locales.

B- Le pilier social

L'implication de tous les facteurs sociaux au processus de développement ne se réalise que dans l'application des principes démocratiques.

La démocratie est une forme de gouvernance dans laquelle la souveraineté émane du peuple (décision populaire). C'est une gouvernance où il y a la séparation des pouvoirs (législatif, judiciaire et exécutif).

La démocratie est basée sur les principes de liberté, du respect des droits fondamentaux, l'alternance au pouvoir, le respect des lois, et la bonne gouvernance. Elle favorise le vivre ensemble par l'acceptation des différences (les opinions, les origines, les cultures, les religions, la politique...)

Pour qu'un pays se développe, il faut qu'il instaure d'abord la démocratie c'est-à-dire qu'il doit donner la latitude au peuple de s'exprimer en décidant de ce qu'il doit faire pour son avenir à travers ses représentants à l'Assemblée nationale et de choisir ceux qui doivent les diriger.

Abraham Lincoln dit que la démocratie est le pouvoir du peuple par le peuple et pour le peuple. Selon Mouammar Kadhafi la démocratie est la dictature de la majorité.

C- Le pilier environnemental

Le développement durable repose sur la protection de l'environnement pour éviter que les actions des hommes d'aujourd'hui ne compromettent la vie des générations futures.

Les activités liées à la protection de l'environnement sont : la protection de l'air ambiant et du climat, la gestion des eaux usées, la gestion des déchets, la protection des sols et des eaux souterraines, la réduction des bruits et des vibrations, la protection de la biodiversité et des paysages, la protection contre les radiations, la recherche et l'innovation.

Exercices de consolidation :

Sujet 1 : Quel est le rôle de la démocratie dans le développement d'un pays ?

Sujet 2 : Décrire la mal gouvernance et préciser ses causes et ses conséquences sur le développement socio-économique des pays sous-développés.

Sujet 3 : Les 17 objectifs de développement durable de l'ONU (ODD), également nommés Objectifs mondiaux, sont un appel mondial à agir pour éradiquer la pauvreté, protéger la planète et faire en sorte que tous les êtres humains vivent dans la paix et la prospérité. Selon vous, ces objectifs sont-ils des simples déclarations de bonnes intentions ou des objectifs réellement atteignables d'ici 2030 ?

Sujet 3 : Expliquez comment la protection de l'environnement peut-elle garantir le développement durable des pays sous-développés ?

Sujet 3 : La société qu'on ne gouverne pas bien se détruit. Expliquez

Résumé :

Le développement est un processus d'amélioration des conditions et la qualité de vie de la population. Il se distingue du développement durable, qui est celui qui répond aux besoins présents de la population sans porter préjudice aux générations futures. Le développement durable repose sur trois piliers : le pilier économique, le pilier social et le pilier environnemental.

- le pilier économique est basé sur la bonne gouvernance
- le pilier social est basé sur la pratique des principes démocratiques
- le pilier environnemental est basé sur la protection de l'environnement

Section 2 : La planification de l'économie nationale

Mise en situation :

Nous avons dit plus haut que le budget de l'État ou la loi de finances est un document qui traduit les objectifs économiques et financiers d'un gouvernement. Il est l'acte fondamental de la politique économique et sociale qui détermine la nature, le montant et l'affectation des ressources et des charges de l'État en tenant compte de l'équilibre économique et financier.

Selon vous, en quoi le budget est-il important ?

Le budget est important puisqu'il permet de donner une orientation à l'action du gouvernement. Il quantifie la politique du gouvernement dans une prévision annuelle détaillée des dépenses et des recettes. Il définit les objectifs et prévoit les moyens pour les atteindre. Charles Bethléem disait : « Le budget est l'expression quantifiée d'une politique ». En d'autres termes, c'est un document de planification de l'action du gouvernement pour chaque année.

Le contenu de la leçon

La planification est une technique étatique d'orientation des activités économiques vers les secteurs porteurs de croissance. L'État priorise certains secteurs économiques dont le développement entraîne le développement de plusieurs autres secteurs, et permet ainsi la croissance économique.

Adopter un modèle de développement économique et social est le gage du bon fonctionnement de l'appareil de l'État dans l'atteinte des objectifs du développement.

Qu'il s'agisse d'une politique centralisée du type socialiste ou d'un plan incitatif du type capitaliste, il revient à l'État de planifier son modèle tout en s'inspirant de ce qui a marché chez les autres.

Les types de planification:

Nous distinguons deux (2) types de planification.

a) La planification indicative et incitative :

La planification indicative et incitative est une planification qui montre les ambitions économiques de l'État et invite les entreprises à œuvrer dans ce sens à travers les politiques d'incitation fiscale et monétaire. Lorsque l'État veut qu'un secteur attire massivement des investissements, il diminue les taxes sur les activités de ce secteur ou les produits issus de ces activités. Ce type de planification est réalisé dans le régime libéral.

b) La planification impérative et centralisée :

C'est une planification dont l'exécution s'impose à tous les acteurs de la vie économique (entreprises publiques et privées). Elle se réalise dans le régime socialiste. L'État détermine ses objectifs économiques et la manière de les atteindre qui s'imposent à tous.

À ce niveau, il faut comprendre que la mise en application d'une planification fait appel au plan.

Le plan est l'ensemble des mesures qui fixent les objectifs à atteindre et déterminent les moyens qu'il faut mettre en œuvre.

Les types de plans

On distingue trois (3) types de plans

a) Plan à court terme :

C'est un plan dont l'exécution s'étend sur une période d'un à trois ans. Il est plus avantageux à cause de la facilité du contrôle de son exécution.

b) Le plan à moyen terme :

C'est un plan dont l'exécution s'étend sur une période de 3 à 7 ans. C'est le genre de plan généralement utilisé dans les pays sous-développés depuis l'indépendance. Le plan quinquennal (5 ans) et le plan septennal (7 ans).

c) Le plan à long terme :

C'est un plan dont l'exécution s'étend sur une période de 8 à 20 ans. Ce type de plan n'est pas beaucoup utilisé à cause des difficultés du contrôle de leur exécution.

L'importance de la planification :

La planification a une très grande importance, dans le développement d'un pays, elle permet :

- d'éviter l'anarchie dans le travail
- de déterminer les coûts des investissements et les délais d'exécution
- de faciliter le contrôle de l'action du gouvernement par le parlement.
- d'éviter le gaspillage des ressources
- d'atténuer les effets de crises économiques
- d'accélérer le rythme de la croissance économique

- d'harmoniser le développement en assurant la régulation des déséquilibres.

Exercices de consolidation

Sujet 1 : La planification de l'économie nationale est indispensable pour promouvoir un développement harmonieux et équilibré.

Après avoir défini la planification, quel type de planification proposez-vous aux pays sous-développés pour surmonter leurs handicaps économiques ? Justifiez votre point de vue.

Sujet 2 : Selon vous, comment la planification peut-elle faciliter le contrôle de l'action du gouvernement par le parlement ?

Sujet 3 : Selon Charles Bethléem, la planification est l'expression quantifiée d'une politique.

Expliquez ?

Résumé :

La planification est une technique étatique d'orientation des activités économiques vers les secteurs porteurs de croissance. L'État priorise certains secteurs économiques dont le développement entraîne le développement de plusieurs autres secteurs, et permet ainsi la croissance économique.

Nous distinguons deux (2) types de planification : *la planification incitative et la planification centralisée*

Section 3 : la mobilisation et la gestion rationnelle des ressources internes

Mise en situation :

Mamady est un élève attentif qui regarde les nouvelles à la télévision avec son père chaque soir. Un jour, il interrogea son père : « Papa, pourquoi est-ce que chaque fois qu'il y a un investissement dans notre pays, que ce soit pour les infrastructures routières, les écoles, les hôpitaux, l'agriculture ou même le financement des élections, nos responsables expriment toujours leur gratitude envers les bailleurs de fonds, la communauté internationale et les partenaires du développement ? » Dans cette situation, quel est l'engagement que le gouvernement consacre au développement de son pays ?

En tant qu'économiste, il sollicite votre opinion, ne sachant pas quoi répondre à son fils.

Le gouvernement ne devrait pas se contenter d'attendre de l'aide. Comme le dit un proverbe africain : « Quand on te lave le dos, il faut te laver le ventre ». Ceci s'applique également au développement d'une nation. L'aide seule ne suffit pas pour faire avancer un pays, il est nécessaire d'avoir des efforts internes. Premièrement, le gouvernement doit construire des écoles pour former les futurs responsables du pays, renforcer l'armée pour protéger les territoires, établir une police et une gendarmerie pour garantir la sécurité intérieure, mobiliser des impôts et des taxes pour assurer la redistribution, instaurer la justice pour préserver les libertés et faire fonctionner les institutions. Par la suite, il est crucial de consolider ses relations avec les autres nations afin d'améliorer les échanges commerciaux, monétaires, financiers et diplomatiques.

L'effort interne concerne la mobilisation des ressources humaines, matérielles et financières et leur gestion rationnelle.

Le contenu de la leçon

L'importance de l'effort national dans le développement est inestimable. Le développement de tout pays passe obligatoirement par son effort interne dans la mobilisation des ressources humaines, matérielles, et financières. C'est pourquoi Charles BETHLÉEM affirme « Quels que soient les concours externes dont un pays sous-développé peut disposer, ces concours ne le dispensent pas d'un effort national d'accumulation… »

Les ressources humaines : La mobilisation des ressources humaines est un facteur indispensable du développement. Elle est basée sur l'éducation, la formation de la population active, le recrutement de la main-d'œuvre locale, la rémunération des travailleurs et la qualification des ouvriers nationaux.

HUBERT LANDIER[21] écrit « Nous sommes entrés dans une période où la puissance ne se fonde non plus sur la possession de la terre, non plus sur l'accumulation du capital, mais la capacité à s'organiser, à valoriser et à développer la matière grise ».

La mobilisation des ressources humaines implique également un changement de mentalités, à ce sujet, FRANÇOIS PERROUX affirme « Le développement est la combinaison des changements mentaux et sociaux d'une population qui la rend apte à faire croître cumulativement et durablement son produit global »

Le président Ahmed Sékou Touré[22] disait « l'homme qu'il faut à la place qu'il faut »

Les ressources matérielles : La mobilisation des ressources matérielles d'un pays concerne les équipements modernes de travail (machines, ordinateurs…) et les infrastructures de base (les barrages hydro-électriques, les routes, les rails, les ports, les aéroports…).

Les ressources financières : La mobilisation des ressources financières permet à un pays de réaliser des gros investissements sans passer par l'endettement ou l'aide extérieure… Elle concerne les recettes fiscales et non fiscales : les impôts, les taxes, les recettes minières, les recettes agricoles, les prestations diverses de l'État…

La gestion rationnelle des ressources :

La gestion rationnelle des ressources consiste à utiliser les ressources de l'État conformément à un plan préalablement défini et à contrôler à chaque étape de son exécution. Par exemple le budget de l'État.

Toute dépense extra-budgétaire non approuvée est considérée comme le fait d'une mauvaise gestion.

Exercices de consolidation :

Sujet 1 : Un penseur dit : « il n'y a de richesses que d'hommes. » En vous servant de cette assertion, dégagez l'importance de la mobilisation des ressources humaines dans le développement d'un pays.

---

[21] Hubert Landier, professeur émérite à l'académie du travail et des relations sociales de la Fédération de Russie, vice-président de l'institut international de l'audit social, né en 1948 en France.

[22] Ahmed Sékou Touré premier président de la République de Guinée, né le 9 janvier 1922 à Faranah mort le 26 mars 1984 à Cleveland aux États-Unis.

Sujet 2 : Dans le cadre de la mobilisation des ressources financières, on dit que « trop d'impôt tue l'impôt et tue le développement » expliquez.

Résumé :

Le développement de tout pays passe obligatoirement par son effort interne dans la mobilisation des ressources humaines, matérielles, et financières. C'est pourquoi Charles BETHLÉEM affirme « Quels que soient les concours externes dont un pays sous-développé peut disposer, ces concours ne le dispensent pas d'un effort national d'accumulation… »
La mobilisation des ressources concerne les ressources humaines, matérielles et financières.

Section 4 : la coopération économique internationale

Mise en situation :

De nombreux pays du monde ont leurs ambassades chez nous et nous avons les nôtres chez eux pour matérialiser les liens de coopération et de diplomatie.

À votre avis, à quoi servent les ambassades dans un pays ?

Tout d'abord, il est important de faire une distinction entre une ambassade, un consulat et une représentation.

L'ambassade s'occupe des relations d'État à État, elle exerce un rôle principalement diplomatique. Elle représente le gouvernement d'un pays auprès des autorités du pays d'accueil. En tant qu'intermédiaire entre État - État, l'ambassade fait passer les messages de son pays au pays où elle est établie et les messages du pays d'accueil à son pays. Par la même occasion, elle participe au maintien et au développement des relations bilatérales. L'ambassade fait la promotion de son pays, sur le plan économique, culturel et scientifique dans les pays d'accueil.

Le consulat a une mission d'assistance administrative auprès de ses compatriotes dans le pays d'accueil. Il assure un rôle de protecteur et de défenseur de ses ressortissants et de leurs biens, qu'ils résident ou qu'ils soient seulement de passage dans le pays d'accueil.

La représentation, ce sont généralement les missions permanentes accréditées auprès des institutions internationales.

Qu'il s'agisse de l'ambassade, du consulat ou de la représentation, il y a une relation de coopération qui lie les États.

Le contenu de la leçon

La coopération économique internationale est l'ensemble des rapports économiques multiformes existant entre deux ou plusieurs pays en vue de développer leurs économies nationales. Ce sont des rapports qui sont mutuellement avantageux pour les pays coopérants.

Les différentes formes de coopération :

On distingue plusieurs formes de coopération

En fonction du nombre de pays, on a la coopération bilatérale et multilatérale

La coopération bilatérale : c'est un lien qui s'établit entre deux pays sans intervention d'une organisation internationale

Exemple : la coopération Guinéo-chinoise.

La coopération multilatérale : c'est un lien qui s'établit entre plusieurs pays réunis dans une organisation internationale.

Exemple : la CEDEAO, L'UA, L'UE.

En fonction de la situation économique des pays, on a : La coopération Nord-Nord, la coopération Sud-Sud, et la coopération Nord-Sud

La coopération Nord-Nord : C'est une coopération qui s'établit entre les pays développés.

Exemple : la coopération entre la France et l'Allemagne.

La coopération Sud-Sud : C'est une coopération qui s'établit entre les pays sous-développés.

Exemple : coopération entre la Guinée et le Mali

La coopération nord-sud : C'est une coopération qui s'établit entre un pays développé et un pays sous-développé.

Exemple : la coopération entre la France et la Guinée

L'importance de la coopération économique internationale :

La coopération économique internationale a une grande importance tant pour les pays développés que pour les pays sous-développés. Elle permet de :

- développer les relations commerciales, financières, techniques et culturelles entre les différents pays.
- Lutter contre les pratiques restrictives et discriminatoires.
- Lutter efficacement contre l'insécurité et le terrorisme.

Exercices de consolidation :

Sujet 1 : Un développement durable passe par le renforcement de la coopération économique.

a- Faites une comparaison entre

- Une coopération sud-sud
- Une coopération nord-sud

b- Laquelle peut rapidement développer un pays du tiers monde ?

Sujet 2 : La coopération Guinée-chine, après avoir décrit ce lien économique, énumérez quelques avantages dont notre pays a bénéficié.

Sujet 3 : Dans une rencontre internationale avec vos collègues venus de différents pays du monde, chacun explique les avantages que son pays peut offrir dans le cadre de la coopération, à votre tour, dites ce que votre pays peut offrir dans la coopération sud-sud et celle nord-sud.

Résumé :

La coopération économique internationale est l'ensemble des rapports économiques multiformes existant entre deux ou plusieurs pays en vue de développer leurs économies nationales.

On distingue plusieurs formes de coopération

- la coopération bilatérale
- la coopération multilatérale
- la coopération Nord-Nord
- la coopération Sud-Sud
- la coopération Nord-Sud

Section 5 : l'intégration économique

Mise en situation :

Le Bénin, le Burkina Fasso[23], la Côte d'Ivoire, la Guinée, la Guinée-Bissau, le Ghana, le Cap-Vert, le Liberia, le Mali, la Mauritanie, le Niger, le Nigeria, le Sénégal, la Sierra Léone et le Togo sont tous des pays situés à l'ouest de l'Afrique, ayant chacun des potentialités économiques particulières (potentialité minière, agricole, commerciale, maritime, touristique…). Suite à la mondialisation, ils font face aux mêmes problèmes (problème d'industrialisation, d'échange, de financement, de monnaie, d'emploi, de sécurité et de problèmes politiques…).

À votre avis, que font-ils pour surmonter leurs problèmes communs ?

On apprend que la force des loups réside dans l'émeute, les oiseaux réunis font plus de bruit, les brins de balais réunis sont solides. Alors, pour surmonter les défis de la mondialisation, ces pays se sont unis dans une organisation appelée Communauté Économique des États de l'Afrique de l'Ouest (C.E.D.E.A.O) afin de développer les productions transversales, le commerce intercommunautaire, renforcer la sécurité transfrontalière, consolider les liens diplomatiques, intervenir dans les crises internes. C'est une intégration économique.

Le contenu de la leçon

L'intégration économique est la création d'un espace économique unique à partir des économies nationales cloisonnées.

Selon Jan Tinbergen[24] « l'intégration est un processus d'élimination des pratiques et des institutions restrictives et l'instauration de la liberté dans les transactions économiques entre les différents pays ».

Selon Balassa[25] « l'intégration est un phénomène dynamique et statique en même temps, et elle doit être vue à la fois comme un processus et un état de choses »

Les formes d'intégration économique :

---

[23] Avant le départ du Burkina, du Mali et du Niger de la CEDEAO le 28 janvier 2024 pour former l'AES

[24] Jan Tinbergen, économiste Néerlandais, prix Nobel de l'économie en 1969. Il est né le 12 avril 1903 à la Haye et mort le 9 juin 1994 dans la même ville.

[25] Béla Balassa, économiste Hongrois, né à Budapest, le 6 avril 1928 et mort à Washington, le 10 mai 1991.

On distingue principalement deux formes d'intégration économique qui sont l'intégration par les marchés et l'intégration par la production.

a- L'intégration par les marchés :

L'intégration par les marchés est une entente économique des pays capitalistes qui se manifeste par les accords économiques intergouvernementaux visant à obtenir un marché unique. C'est la fusion des marchés des pays membres où chacun conserve son autonomie dans la production. C'est la suppression des obstacles à la libre circulation des personnes et des marchandises.

L'intégration par les marchés se fait de trois manières selon les régimes douaniers : la zone de préférence douanière, la zone de libre-échange et la zone de l'union douanière.

La zone de préférence douanière : c'est une zone de commerce préférentiel caractérisée par l'abaissement des tarifs douaniers. Chaque pays membre accepte de diminuer ses droits de douane.

La zone de libre-échange : c'est une zone commerciale caractérisée par la suppression de tous les tarifs douaniers entre les pays membres.

La zone de l'union douanière : c'est une zone commerciale caractérisée par l'unification des droits de douane pour les pays membres. Les pays membres de cette entente commerciale fixent le même tarif douanier entre eux.

b- L'intégration par la production :

L'intégration par la production est un processus basé sur la division systématique du travail et la spécialisation des pays membres dans les branches économiques, mais également, la standardisation de certains produits.

Les objectifs de l'intégration économique :

L'intégration économique vise deux objectifs principaux qui sont : le développement du commerce entre les pays membres et la recherche d'une économie d'échelle.

Le développement du commerce entre les pays membres **:**

L'intégration économique renforce les liens commerciaux entre les pays membres selon deux modalités :

- **La création ou l'extension des liens commerciaux :** au lieu de fabriquer les produits dont les coûts de production sont élevés, les pays membres achètent ces produits chez leurs partenaires à un coût faible.
- **La réorientation des courants commerciaux :** dans le cadre de la réorientation, un pays membre cesse d'importer un produit de

l'extérieur pour s'approvisionner exclusivement auprès des pays membres de la communauté.

La recherche d'une économie d'échelle : l'économie d'échelle est une économie dans laquelle les entreprises augmentent le volume de leurs productions, tout en réduisant les coûts pour les revendre à un prix relativement faible afin de maximiser leurs bénéfices. Elle consiste à étaler les coûts fixes de production sur un grand nombre de produits et obtenir ainsi des coûts unitaires de fabrication très bas, donc une rentabilité financière plus élevée.

Le but de l'intégration économique :

L'intégration économique vise un but politique qui est la consolidation de la paix et la sécurité dans la région.

Les problèmes liés à l'intégration économique : Dans une intégration économique, il y a toujours des problèmes liés soit à l'inégalité de développement économique des différents pays membres, soit au problème financier des recettes fiscales, soit au problème de système de paiement.

Le problème de développement économique inégal **:** Les pays qui s'engagent dans une intégration économique tirent profit de leur accord, mais le problème se situe dans la répartition inégale en fonction du poids économique de ces pays. Certains pays sont plus riches, et plus industrialisés que d'autres, alors, le pays qui a la capacité d'offrir plus, bénéficie plus de l'intégration que les autres.

Le problème de recette douanière : Dans les pays sous-développés, le budget de l'État est principalement alimenté par les recettes douanières. Lorsque les pays s'engagent dans une intégration par les marchés qui conduit la zone de libre-échange, ils renoncent à une partie de leurs droits de douane. Ces pays peuvent connaître des déficits budgétaires.

Par exemple, en Guinée le budget de 2023 se chiffre à trente-six mille cent six milliards sept cent quarante un millions deux cent dix-sept mille cinq cent trois francs guinéens (36.106. 741.217.503fg) dont les recettes douanières se chiffrent à 10.572.99Mds.

Les problèmes de système de paiement : L'un des problèmes qui affectent la communauté économique est celui lié au système de paiement. Il concerne les différentes monnaies des pays membres et les taux auxquels elles sont changées entre elles.

Il y a trois cas de figure des problèmes liés aux monnaies : les cas des monnaies identiques, le cas des monnaies différentes, mais convertibles et le cas des monnaies différentes non convertibles.

- ***Le cas des monnaies identiques* :** dans une intégration économique, lorsque les pays de la communauté utilisent la même monnaie, cela favorise le développement du commerce enter-communautaire. C'est l'idéal recherché dans une intégration. Par exemple, le cas de la zone UEMOA (Union économique et monétaire ouest-africaine) qui utilise le CFA.
- ***Le cas des monnaies différentes, mais convertibles* :** Dans une intégration, lorsque les pays membres n'utilisent pas la même monnaie, même si leurs monnaies sont convertibles, le problème qui affectera le commerce entre eux sera le taux de change. Par exemple, la Guinée qui utilise le franc guinéen et le Mali le CFA.
- ***Le cas des monnaies différentes non-convertibles* :** Lorsque les pays de la même communauté utilisent les monnaies différentes et non convertibles, cela entrave le commerce entre eux. Ils sont obligés d'utiliser dans ce cas les monnaies internationales (devises)

Importance de l'intégration économique :

L'intégration économique revêt une importance capitale :

Sur le plan politique, elle vise à consolider les liens d'amitié et de coopération entre les pays membres. Ceci favorise la paix, la sécurité et la stabilité des pays membres.

Sur le plan économique, elle permet de faciliter les échanges, d'élargir le marché. Elle permet également aux pays membres de se spécialiser dans les branches économiques afin d'harmoniser le développement.

Exercices de consolidation :

Sujet 1 : L'intégration économique s'avère la meilleure voie pour le développement socio-économique de l'Afrique

Avec des exemples précis, montrez la forme la mieux indiquée pour les États africains.

Sujet 2 : « Pour se développer, ne compte même pas sur une politique d'aide étrangère, mais sur une production nationale suffisante, une mobilisation effective des ressources et une politique de coopération et d'intégration équitable ». Expliquez

Résumé :

L'intégration économique est la création d'un espace économique unique à partir des économies nationales cloisonnées.
Selon Jan Tinbergen « l'intégration est un processus d'élimination des pratiques et des institutions restrictives et l'instauration de la liberté dans les transactions économiques entre les différents pays ».
On distingue principalement deux formes d'intégration économique qui sont l'intégration par le marché et l'intégration par la production.
L'intégration économique vise deux objectifs principaux qui sont : la recherche d'une économie d'échelle et le développement du commerce entre les pays membres.
L'intégration économique vise un but politique, la consolidation des rapports socio-économiques, par la signature des accords.

Section 6 : Modèle d'intégration économique (la C.E.D.E.A.O)

Mise en situation :

En vous inspirant de vos connaissances, expliquez les raisons et les avantages liés à l'adhésion de votre pays à l'organisation sous régionale la C.E.D.E.A.O.

Le contenu de la leçon

La Communauté Économique des États de l'Afrique de l'Ouest (C.E.D.E.A.O) est une organisation intergouvernementale née d'un réaménagement successif de quelques institutions Africaines. D'abord, l'union Douanière de l'Afrique de l'Ouest (U.D.A.O) en 1959, qui a donné naissance à l'union Douanière des États de l'Afrique de l'Ouest (U.D.E.A.O) en 1966 puis de la C.E.D.E.A.O en 1975. Le traité créant la C.E.D.E.A.O a été signé le 28 mai 1975 par les chefs d'États membres à Lomé (Togo).

Les pays membres de la C.E.D.E.A.O:

Le Bénin, la Côte d'Ivoire, la Guinée, la Guinée Bissau, le Ghana, le Cap-Vert, le Liberia, la Mauritanie, le Nigeria, le Sénégal, la Sierra Léone et le Togo.

Le 28 janvier 2024, les pays membres de l'Alliance des États du Sahel (AES) le Burkina Fasso, le Mali et le Niger quittent la Communauté économique des États de l'Afrique de l'Ouest (CEDEAO).

Le fonctionnement de la C.E.D.E.A.O :

Le fonctionnement de la C.E.D.E.A.O vise certains d'objectifs qui sont :

- la mise en place progressive d'un marché commun avec la liberté de circulation des marchandises
- l'harmonisation des politiques économiques nationales
- la promotion de la croissance économique rapide et équilibrée dans l'espace C.E.D.E.A.O
- la mise en place d'un tarif douanier extérieur commun à l'égard des pays tiers.
- l'abolition de toute restriction quantitative dans les échanges.
- la création d'une compagnie de navigation maritime et d'entreprises industrielles plurinationales.
- la création des passeports C.E.D.E.A.O et des structures de prévention des conflits.

Rôle de la C.E.D.E.A.O :

Bien qu'au départ son rôle était purement économique, la C.E.D.E.A.O s'est assez vite intéressée au maintien de la paix et à la stabilité régionale. Elle a créé l'E.C.O.M.O.G en 1999.

Exercices de consolidation :

Sujet 1 : Quels sont les moyens dont dispose la C.E.D.E.A.O pour contraindre un pays membre à faire respecter les principes démocratiques et de bonne gouvernance ?

Sujet 2 : l'intégration économique s'avère comme la meilleure voie du développement économique et social de l'Afrique.

Parlez des efforts faits dans ce sens en Afrique occidentale.

Sujet 3 : À l'aide des exemples précis, montrez l'importance de l'adhésion de la Guinée à la C.E.D.E.A.O.

Sujet 4 : L'objectif de la C.E.D.E.A.O vise à créer une zone de libre-échange. A votre avis que faut-il pour d'atteindre cet objectif ?

Sujet 5 : La République de Guinée est considérée comme un pays à scandale géologique et agricole, mais fait partie des pays moins avancés.

Quels sont, selon vous, les voies et les moyens pour qu'elle devienne un pays émergent ?

Résumé :

La Communauté Économique des États de l'Afrique de l'Ouest (C.E.D.E.A.O) est une organisation intergouvernementale née d'un réaménagement successif de quelques institutions Africaines. D'abord, l'union Douanière de l'Afrique de l'Ouest (U.D.A.O) en 1959, qui a donné naissance à l'union Douanière des États de l'Afrique de l'ouest (U.D.E.A) en 1966 puis de la C.E.D.E.A.O en 1975. Le traité créant la C.E.D.E.A.O a été signé le 28 mai 1975 par les chefs d'États membres à Lomé (Togo). Bien qu'au départ son rôle était purement économique, la C.E.D.E.A.O s'est assez vite intéressée au maintien de la paix et à la stabilité régionale.

CHAPITRE IV

ÉTUDE DE QUELQUES INSTITUTIONS ÉCONOMIQUES INTERNATIONALES

La banque Africaine de développement B.A.D, le Fonds Monétaire International F.M.I et la Banque Mondiale sont des institutions financières internationales qui financent le développement des pays Africains et les pays sous-développés d'Asie et d'Amérique latine.

Section 1 : La Banque africaine de développement B.A.D

Mise en situation :

Le développement repose sur la réalisation des infrastructures sociales de base tels que : les hôpitaux, les écoles, les barrages hydroélectriques, les routes, etc. La réalisation de ces investissements nécessite beaucoup de financement.

À votre avis, comment l'État peut-il financer ces différents investissements ?

Le financement d'une activité est l'opération qui consiste à se procurer des fonds nécessaires à la réalisation de cette activité.

Le financement d'un investissement peut se faire selon deux modalités. L'État peut financer ses investissements grâce à la mobilisation des recettes internes, on l'appelle financement interne ou il peut s'endetter auprès d'un autre État ou d'une institution financière ou émettre des titres sur le marché financier. Dans ce cas, on parle de financement externe. Il faut rappeler que le financement externe peut être : un financement direct ou un financement indirect.

Le financement est dit direct lorsque le processus de mise en disposition des fonds se passe sans intermédiaire financier. Il concerne le recours au marché financier, l'État émet des bons de trésor pour mobiliser des fonds. Le marché financier est un marché sur lequel se négocient les valeurs mobilières (actions et obligations) et les titres de créances à moyen et long terme.

Le financement est indirect lorsque l'État se procure des moyens grâce à l'intermédiaire des banques. C'est le recours aux crédits bancaires.

Les institutions financières ou banques d'investissement sont des établissements qui accompagnent les États en leur accordant les prêts pour la construction des infrastructures du développement. Exemple la BAD.

Le contenu de la leçon

La Banque africaine de développement est une institution internationale de financement des projets et programmes de développement économique et social des pays africains.

Elle est créée le 4 août 1963 à la conférence de Khartoum (Soudan), mais l'accord portant sa création est entré en vigueur le 10 septembre 1964 à la conférence de Lagos (Nigeria).

Au début, seuls les États africains indépendants pouvaient devenir membres de la BAD. Suite à l'endettement en mai 1982 qui a diminué la capacité de financement des projets de la BAD, elle fut ouverte aux pays non africains.

Depuis le 31 décembre 2011, elle compte 78 pays, dont 53 pays africains et 25 pays non africains : les pays de l'Union européenne, la Chine, le Brésil, l'Inde, le Canada, les États Unis, le Japon et l'Arabie Saoudite.

Du point de vue structure organisationnelle, la BAD comprend : un conseil des gouverneurs, un conseil d'administration, un président, trois vice-présidents de départements (V.P des opérations centre et Ouest, V.P des opérations nord, et sud, V.P de la planification et de la politique et recherche) et un personnel.

Tous les pays membres sont représentés au sein de la Banque. Aucun pays n'a le droit de veto. Les décisions du conseil sont prises par consensus ou par vote.

Le fonctionnement de la BAD :

La BAD a pour principales fonctions :

- le financement des projets et programmes de développement des pays africains
- l'assistance aux pays les plus défavorisés
- la promotion de l'investissement public et privé.

- La priorisation des projets et programmes multinationaux qui favorise l'intégration régionale.

Exercices de consolidation

Sujet 1 : Depuis mai 1982, la Banque Africaine de développement a cessé d'être une banque exclusivement africaine en s'ouvrant aux pays non africains : les pays de l'Union européenne, la chine, le Brésil, l'Inde, le Canada, les États Unis, le Japon et l'Arabie Saoudite.

Expliquez les conséquences de cette perte d'identité pour les pays africains.

Sujet 2 : Le développement de l'Afrique passe forcément par les Africains. Selon vous, que faut-il pour que la Banque africaine de développement B.A.D soit l'acteur principal du financement des projets et programmes de développement des pays africains ?

Résumé :

La Banque africaine de développement est une institution internationale de financement des projets et programmes de développement économique et social des pays africains.
Elle est créée le 4 août 1963 à la conférence de Khartoum (Soudan), mais l'accord portant sa création est entré en vigueur le 10 septembre 1964 à la conférence de Lagos (Nigeria).

Section 2 : Le fonds monétaire international F.M.I et la Banque Mondiale B.M

Mise en situation :

Face aux défis que rencontraient les États Africains pour obtenir des prêts auprès des banques internationales en raison des conditions de crédit restrictives et des taux d'intérêt élevés, la BAD a été fondée dans le but de garantir le financement des projets d'investissement en Afrique.

Selon vous, quelles ont été les raisons conduisant à la fondation du F.I.M et de la Banque Mondiale ?

Compte tenu de l'anarchie monétaire et le déséquilibre financier qui régnaient dans le monde avant et pendant la Deuxième Guerre mondiale, les États Unis et leur principale alliée, la Brande Bretagne, organisèrent une conférence internationale à Bretton Woods, au nord-ouest de Boston, aux États Unis pour discuter de la stabilité économique mondiale. La conférence a duré trois semaines, du 1er au 22 juillet 1944, elle a connu la participation de 730 délégués venus de 45 pays. Elle visait à organiser le système monétaire international de l'après-guerre et la reconstruction des États belligérants dévastés par la guerre. Elle a abouti à la création de deux grandes institutions : le fonds monétaire international et la banque mondiale qui s'occupent respectivement des questions de stabilité monétaire et des questions de développement des pays membres.

Le contenu de la leçon

Le Fonds Monétaire International :

Le FMI est l'une des institutions jumelles de Bretton Woods. Elle est créée dans la même conférence que la Banque Mondiale en 1944. Son capital est composé des souscriptions libellées d'un quart en or et des trois quarts en monnaie nationale. Cette participation est fonction du niveau de développement économique et social de chaque pays membre.

Le FMI est administré par un conseil de gouverneurs et un conseil d'administration. Son siège est à Washington et il dispose de trois grands bureaux : New York, Paris et Genève.

Les fonctions du FMI :

Le Fonds Monétaire International a une fonction de police monétaire et une fonction d'assistance monétaire.

La fonction de police monétaire :

Cette fonction consiste à mettre en œuvre des mécanismes permettant d'éviter des crises économiques au sein des pays membres. Les statuts du FMI fixent six objectifs qui sont :

1. promouvoir la coopération monétaire internationale
2. faciliter le développement du commerce international permettant ainsi l'augmentation du niveau de l'emploi et du revenu réel.
3. Promouvoir la stabilité du taux de change entre les pays membres

4. établir un système multilatéral de règlement des transactions courantes entre les États membres.

5. Donner confiance aux États membres en leur accordant des prêts

6. réduire la durée et l'ampleur des déséquilibres des balances de paiement.

La fonction d'assistance monétaire :

Le FMI assiste certains pays dont la balance de paiement est déficitaire et qui ont des difficultés à rembourser leurs dettes. Il leur accorde des prêts après proposition d'un plan d'ajustement structurel, le pays doit :

- réduire les dépenses de l'État
- réduire les crédits
- augmenter les recettes fiscales
- diminuer les subventions
- dévaluer la monnaie si nécessaire dans les cas extrêmes.

La Banque Mondiale

La banque mondiale est l'une des institutions jumelles de Bretton Woods. Elle est créée lors de la même conférence que le FMI en 1944. Son siège est à Washington. Elle est créée dans le souci de faciliter la reconstruction des pays européens et le Japon détruit par la Deuxième Guerre mondiale.

Depuis quelques décennies, ses activités sont orientées vers le financement des infrastructures de développement des pays membres. Son objectif est de lutter contre l'extrême pauvreté et de promouvoir une prospérité partagée. Elle intervient souvent dans les pays en voie de développement en Afrique, en Asie et en Amérique latine.

Elle a accordé son premier prêt le 9 mai 1947 à la France pour un montant de 250 millions de dollars.

Le groupe de la banque mondiale

La banque mondiale est un groupe composé de cinq institutions distinctes :

La Banque Internationale pour la Reconstruction et le Développement (B.I.R.D) :

La ***B.I.R.D*** est la première institution de la banque mondiale créée en 1944. De nos jours, elle comprend 181 États membres. Son objectif est de financer les pays qui peuvent rembourser les prêts avec les conditions du marché. En quelque sorte, les pays solvables.

La Société Financière Internationale (S.F.I) :

La S.F.I est la deuxième institution du groupe de la banque mondiale, créée en 1956, son objectif est de promouvoir le développement du secteur privé dans les pays membres. Conscient que le secteur privé est un secteur majeur de création d'emploi, de la richesse et également de la stabilité sociale du pays, la banque mondiale oriente aussi ses actions de financement vers ce secteur à travers la S.F.I. Elle compte 174 pays membres de nos jours.

L'Association Internationale du Développement (I.D.A) :

L'I.D.A est la troisième institution du groupe de la banque mondiale, elle est créée en 1960 dans le but d'aider les pays les plus pauvres qui ne peuvent pas rembourser leurs dettes avec les conditions du marché. Ces pays bénéficient donc d'un allégement des conditions de prêt, le taux d'intérêt, les modalités de remboursement. L'I.D.A compte 160 États membres.

Le Centre International pour le Règlement des Différents Liés à l'Investissement (C.I.R.D.I) :

Nous avons dit plus haut que l'économie nationale entretient des relations commerciales, financières et monétaires avec l'extérieur. Les pays qui ont des potentialités minières, agricoles, industrielles, commerciales ou autres, attirent les investisseurs étrangers qui viennent avec des ressources. Partout où il y a l'argent, il y a conflit. Le C.I.R.D.I est créé en 1966, son l'objectif est de faciliter le règlement par voie de conciliation et d'arbitrage des différends qui peuvent opposer l'investisseur étranger au pays d'accueil.

L'Agence Multilatérale de Garantie des Investissements (A.M.G.I) :

Les pays en voie de développement, qu'ils soient en Afrique, en Asie ou en Amérique latine sont en général caractérisés par l'instabilité politique, ce qui fait fuir les investissements privés étrangers. A.M.G.I est créée en 1988 pour encourager les investissements directs étrangers dans les pays membres en les assurant contre les risques politiques (les manifestations politiques, les coups d'État…).

Les statuts de la banque mondiale

Pour être membre de la Banque Mondiale il faut forcement être membre du F.M.I d'abord. Le montant du capital que chaque pays doit souscrire est calculé en fonction de sa quote-part au F.M.I.

La Banque Mondiale est dirigée par un conseil de gouverneurs (ces gouverneurs sont généralement des ministres des finances des pays membres), un conseil d'administration dont les membres sont postés au siège de la banque mondiale, un président et un vice-président.

Le fonctionnement de la Banque Mondiale :

Le fonctionnement de la Banque Mondiale est assuré sous la conduite du président, des membres de direction et des vice-présidents responsables des différents bureaux régionaux, secteurs et réseaux.

La Banque Mondiale a pour fonction essentielle la promotion du progrès économique et social des pays membres en général et les pays en voie de développement en particulier : elle contribue

- à l'amélioration de la productivité ;
- au financement des investissements dans les infrastructures de développement comme les routes, les hôpitaux, les écoles, les barrages hydroélectriques…
- a lutté contre la pauvreté ;
- a participé à la protection de l'environnement.

Exercices de consolidation :

Sujet 1 : Après avoir dégagé le rôle de la banque mondiale dans le financement international, citez ses filiales que vous connaissez.

Sujet 2 : Le programme d'ajustement structurel du F.M.I a des avantages, malgré tout, il est décrié dans certains pays pauvres. Après avoir cité les conséquences de cet ajustement structurel dans les pays sous-développés, proposez des solutions.

Résumé :

Le FMI est l'une des institutions jumelles de Bretton Woods. Elle est créée dans la même conférence que la Banque Mondiale en 1944. Son siège est à Washington et il dispose de trois grands bureaux : New York, Paris et Genève.

Le Fonds Monétaire International a une fonction de police monétaire et une fonction d'assistance monétaire.

La banque mondiale est créée lors de la même conférence que le FMI en 1944. Son siège est à Washington. Elle est créée dans le souci de faciliter la reconstruction des pays européens et le Japon détruits par la Deuxième Guerre mondiale.
La banque mondiale est un groupe composé de cinq institutions distinctes :

- la Banque Internationale pour la Reconstruction et le Développement (B.I.R.D) :
- la Société Financière Internationale (S.F.I) :
- l'Association Internationale du Développement (I.D.A) :
- le Centre International pour le Règlement des Différends liés à l'Investissement (C.I.R.D.I) :
- l'Agence Multilatérale de Garantie des Investissements (A.M.G.I) :

Section 3 : L'organisation mondiale du commerce

Le contenu de la leçon

L'organisation mondiale du commerce O.M.C est créée en 1993 par l'acte qui a conclu le cycle de négociation multilatérale appelé Uruguay Round, conformément à l'accord général sur les tarifs douaniers et le commerce (G.A.T.T). Son siège est à Genève, en Suisse. L'O.M.C est entrée en vigueur le 1er janvier 1995.

Le statut de l'organisation mondiale du commerce l'OMC :

L'organisation mondiale du commerce est composée de 150 pays membres. Son rôle principal est de coordonner les activités commerciales entre les pays membres. Elle favorise la réduction des tarifs douaniers.

L'organisation mondiale du commerce est administrée par un directeur général et un secrétariat de 630 personnes. Toutes les grandes décisions sont prises par l'ensemble des membres, soit à l'échelle des ministres (qui se réunissent chaque 2 ans) soit au niveau des ambassadeurs (qui se réunissent régulièrement à Genève).

Le fonctionnement de l'organisation mondiale du commerce l'O.M.C :

L'O.M.C vise à favoriser, autant que possible, la bonne marche du commerce international. Pour cela, elle assume cinq fonctions qui sont :

- la gestion des nouveaux accords commerciaux
- l'organisation des nouvelles négociations si nécessaires, pour l'abaissement des droits de douane
- le règlement des litiges
- la surveillance des politiques commerciales nationales
- la coopération avec les autres organisations internationales pour élaborer les politiques économiques à l'échelle mondiale.

Exercices de consolidation :

Sujet 1 : L'un des objectifs de l'organisation mondiale du commerce O.M.C est la surveillance des politiques commerciales nationales. Depuis l'indépendance, Les pays sous-développés subissent une invasion commerciale des puissances économiques : l'envahissement des marchés par les produits manufacturés non conformes aux normes internationales, la fixation arbitraire des prix, les pratiques restrictives limitant l'envoi des produits africains vers les pays développés...

Quels sont les moyens dont dispose l'O.M.C pour résoudre ce problème ?

Sujet 2 : Le développement du commerce inter-africain est-il une solution aux problèmes liés au commerce international ? Expliquez.

Résumé :

L'organisation mondiale du commerce OMC est créée en 1993 par l'acte qui a conclu le cycle de négociation multilatérales appelé Uruguay Round, conformément à l'accord général sur les tarifs douaniers et le commerce (G.A.T.T). Son siège est à Genève, en Suisse. L'O.M.C est entrée en vigueur le 1er janvier 1995.

L'O.M.C vise à favoriser, autant que possible, la bonne marche du commerce international.

Section 4 : La Conférence des Nations Unies pour le commerce et le développement C.N.U.C.E.D

Mise en situation :

L'un des problèmes majeurs des pays sous-développés est l'inégalité qu'ils subissent dans le commerce extérieur avec les pays développés.

À votre avis, que faut-il pour résoudre ce problème ?

Conscient des conséquences néfastes de l'inégalité dans le commerce international sur l'économie des pays sous-développés, l'Organisation des Nations Unies a créé une organisation internationale en son sein appelée C.N.U.C.E.D pour instaurer des relations commerciales plus équitables entre les pays du nord et du sud.

Le contenu de la leçon

La Conférence des Nations Unies pour le commerce et le développement (C.N.U.C.E.D) est une organisation internationale née de l'établissement d'un nouvel ordre économique international à partir des échanges inégaux entre les pays du nord et du sud. C'est un organe de l'assemblée générale de l'ONU, créé en 1964 pour faciliter la restructuration du commerce mondial.

Le statut de la C.N.U.C.E.D :

Dès sa création, la C.N.U.C.E.D s'est fixé pour premier objectif l'instauration des relations plus équitables entre les pays du nord et du sud, l'aide des pays en développement à s'intégrer dans l'économie mondiale par le biais des échanges internationaux (commerce, finance et investissement). Elle favorise l'entrepreneuriat en apportant son assistance technique pour le développement des entreprises locales. Par exemple le programme Empretec[26] présent dans 32 pays.

Son siège est à Genève en Suisse, et elle dispose d'un bureau à New York et à Addis-Abeba.

---

[26] Empretec est un programme intégré de développement de la capacité entrepreneuriale, son objectif est de soutenir les entrepreneurs promoteurs à créer et à développer les PME novatrices et compétitives sur le marché international.

À la fin de la première conférence tenue en 1964 à Genève, ils sont 77 membres représentants le tiers monde. Aujourd'hui, elle regroupe 188 pays membres.

Depuis sa création, elle se tient tous les quatre ans.

Les fonctions de la C.N.U.C.E.D :

Les fonctions de la C.N.U.C.E.D se résument de la façon suivante.

- la restructuration du commerce international
- la promotion du commerce extérieur des pays en voie de développement.
- le réaménagement de la coopération internationale.

Exercices de consolidation :

Sujet 1 : La promotion du commerce extérieur des pays en voie de développement est l'un des objectifs de l'Organisation des Nations Unies pour le commerce et le développement C.N.U.C.E.D.

Après avoir énuméré quelques acquis de la C.N.U.C.E.D depuis sa création, dites ce qu'il faut pour atteindre cet objectif.

Sujet 2 : Est-il normal de penser qu'à travers des conférences au niveau des Nations Unies qu'on puisse réduire les inégalités dans le commerce international entre les pays du nord et du sud ?

Résumé :

La Conférence des Nations Unies pour le commerce et le développement (C.N.U.C.E.D) est une organisation internationale née de l'établissement d'un nouvel ordre économique international à partir des échanges inégaux entre les pays du nord et du sud. C'est un organe de l'assemblée générale de l'ONU, créé en 1964 pour faciliter la restructuration du commerce mondial.

Son siège est à Genève en Suisse, et elle dispose d'un bureau à New York et à Addis-Abeba.

CHAPITRE V

L' ENDETTEMENT ET LE CHÔMAGE DANS LES PAYS SOUS-DÉVELOPPÉES

Une bonne partie des revenus des pays pauvres est orientée vers le remboursement de leurs dettes extérieures, ce qui réduit leurs capacités d'investissement et la création d'emploi.

Section 1 : L'endettement dans les pays sous-développés

Mise en situation :

Il paraît clairement que la dette extérieure des pays pauvres est devenue pour beaucoup d'entre eux, une contrainte économique qui freine leur développement.

À votre avis, comment peuvent-ils passer de l'état d'endettement chronique à celui du projet économique ?

Bien que la dette publique ait des avantages, elle a aussi des inconvénients. Pour éviter l'endettement chronique, les pays doivent accentuer leurs efforts sur la mobilisation des recettes internes composées des recettes fiscales et les recettes non-fiscales (Impôt, taxe, l'exploitation des ressources naturelles…).

Le contenu de la leçon

La dette publique :

La dette publique ou dette de l'État est l'ensemble des obligations résultant d'engagements financiers contractés par l'État. C'est une forme de rapports économiques qui procurent des fonds à l'État devant être remboursé à une échéance donnée.

Les formes de la dette publique :

On distingue plusieurs formes de la dette publique :

La dette publique bilatérale **:** C'est une dette qui lie directement deux États dans le cadre du financement des investissements.

La dette publique multilatérale **:** C'est une dette contractée par l'État auprès des institutions financières internationales comme la Banque Mondiale, le F.M.I, la B.A.D…

Puisque, les institutions sont composées de plusieurs États, alors la dette qu'elles accordent à un État est une dette multilatérale.

La dette publique privée **:** C'est un emprunt contracté par un État auprès des banques privées.

Les causes de l'endettement :

L'endettement dans les pays sous-développés est lié à plusieurs facteurs dont :

- la faible capacité de mobilisation de ressources internes
- la mauvaise gestion des ressources
- la faiblesse de la production nationale
- la mal gouvernance

Les conséquences de la dette :

La dette publique a des conséquences positives et négatives :

Les conséquences positives : la dette publique permet aux pays :

- de financer leurs déficits budgétaires
- de réaliser des infrastructures de développement
- de développer rapidement les secteurs d'activités

Les conséquences négatives

- la dette publique crée la dépendance économique et politique du pays endetté vis-à-vis à son créancier
- elle décourage la mobilisation des recettes internes.

Exercices de consolidation :

Sujet 1 : Après avoir expliqué les causes et les méfaits de l'endettement des pays en développement, montrez ce qu'il faut pour que ces pays sortent de cet état de dépendance.

Sujet 2 : Selon vous, est-ce qu'un pays comme la Guinée, qui a sa propre monnaie doit-il s'endetter à l'étranger, ou fabriquer autant de billets possibles pour financer ses investissements ?

Résumé :

La dette publique ou dette de l'État est l'ensemble des obligations résultant d'engagements financiers contractés par l'État. C'est une forme de rapports économiques qui procurent des fonds à l'État devant être remboursés à une échéance donnée.
On distingue plusieurs formes de la dette publique :
- la dette publique bilatérale
- la dette publique multilatérale
- la dette publique privée

Section 2 : Le chômage dans les pays sous-développés

Mise en situation :

Le jour de la remise de leurs diplômes de fin d'étude universitaire, Kadiatou, Moussa et Paul étaient content et fiers d'eux-mêmes. Un adulte leurs a félicité de passage et leur a dit « Bienvenues dans la vie active, vous avez réussi la première étape qui est celle d'étudier, d'apprendre un métier, mais, ne vous réjouissez trop avant de franchir la seconde étape qui est difficile pour beaucoup de gens » Kadiatou et ces camarades n'ont pas compris le sens de cette phrase.

Quatre ans après ses études, Moussa traîne encore devant les entreprises pour la recherche de son premier emploi. À cause de la crise du Covid19, beaucoup d'entreprises ont réduit leur personnel, Paul a perdu son travail. Kadiatou a volontairement quitté son travail à cause du salaire qui ne signifiait presque rien face à ses dépenses.

À votre avis, quelle est cette étape difficile dont parlait cet adulte ?

Que sont-ils devenus à présent ?

L'étape la plus difficile dans la vie active est la recherche d'un bon emploi, qui repose sur trois éléments : un salaire décent, la sécurité au travail et la protection sociale.

Pour réussir sur le marché du travail il faut une certaine préparation : Rechercher les offres d'emploi, rédiger le CV et la lettre de motivation, présenter sa candidature et se préparer à l'entretien d'embauche. Il ne suffit pas d'être bien dans ce qu'on fait, mais d'être meilleur pour décrocher le poste à pourvoir. Plusieurs candidats postulent pour le même travail, seuls les meilleurs gagnent.

Les trois amis, Kadiatou, Moussa et Paul sont tous devenus des chômeurs puisqu'ils n'ont pas d'emploi.

Le contenu de la leçon

Le chômage est la situation d'une personne sans travail, alors qu'elle est apte à travailler et a cherché activement du travail sans l'avoir. L'expression "apte à travailler" signifie que le chercheur d'emploi a une compétence professionnelle, il a la capacité physique et morale pour exercer une activité.

Cette définition du chômage ne tient pas compte du chômage déguisé. En réalité, plusieurs personnes travaillent, mais le revenu qu'ils tirent de leur travail ne leur permet pas de couvrir les dépenses essentielles. Un travail mal payé ou sous-rémunéré fait du travailleur un chômeur déguisé.

Les types de chômages:

Il existe plusieurs types de chômage dont : le chômage frictionnel, le chômage saisonnier, le chômage conjoncturel, le chômage structurel et le chômage technologique.

Le chômage frictionnel : c'est un chômage volontaire qui résulte de la volonté du travailleur à quitter son travail pour chercher un autre emploi mieux rémunéré, ou proche de chez lui, etc. Dans les pays où les chômeurs reçoivent des allocations sociales dues à leur statut, ces personnes ne peuvent pas bénéficier de cette couverture sociale.

Le chômage saisonnier : C'est un chômage lié aux secteurs économiques dont les activités dépendent des saisons. Par exemple, l'agriculture dont les activités sont liées à la saison hivernale.

Le chômage conjoncturel : c'est un chômage directement lié à l'évolution de l'économie. Pendant la période de récession économique, certaines entreprises procèdent à des suppressions de postes ou à la réduction du personnel soit par le congés temporaires soit par le licenciement. Par exemple lors des crises sanitaires de Covid19, d'Ebola…

Le chômage structurel : C'est un chômage volontaire qui survient lorsque le type d'emploi disponible n'est pas sollicité par les chercheurs d'emploi. Les milliers d'étudiants sortent chaque année des institutions d'enseignement supérieur et professionnels dont les formations ne sont pas adaptées au marché de l'emploi. Ils sont souvent tentés de réorienter leurs carrières et travailler dans d'autres domaines ou parfois se recycler pour des nouvelles formations dans des secteurs plus attractifs.

Le chômage technologique : C'est un chômage lié à l'utilisation de la technologie avancée dans les entreprises. Si emploi d'un seul robot dans une entreprise peut remplacer 10 à 30 personnes, alors, beaucoup de travailleurs seront en chômage surtout lorsque le nombre de robots se multiple. Par exemple, la création des guichets automatiques a considérablement réduit le nombre de caissières dans les banques.

La mesure du chômage :

Le chômage se mesure par le taux de chômage.

$$tauxdechômage = \frac{Nombredechômeurs}{Populationactive} X100$$

La population active représente l'ensemble des personnes aptes à travailler (l'âge, l'état de santé, la qualification…).

Les causes du chômage :

Nous pouvons donner deux explications au chômage selon l'école classique et la pensée Keynésienne.

a. L'explication de l'école classique

Les économistes du XVIIIe siècle appelés les classiques, pensent que le chômage est causé par la rigidité du salaire. Le fait d'imposer un salaire minimal très élevé (le SMIG), les petites et moyennes entreprises qui ne réalisent pas de grands profits ne procéderont pas aux nouveaux recrutements, mais à la cumulation des fonctions, des tâches et à l'augmentation des heures de travail (la plus-value). En Guinée le salaire minimal interprofessionnel garanti (SMIG) est à 550.000 fg, lorsque l'État rehaussera ce niveau, certaines PME risqueraient de ne pas procéder à de nouveaux recrutements.

b. L'explication de Keynes

Pour l'économiste anglais John Maynard Keynes, le chômage est causé par le déséquilibre entre l'offre et la demande sur le marché de biens et services. Lorsqu'il y a un déséquilibre sur le marché de biens et services, la surproduction ou la sous-consommation par exemple, cela impactera négativement le marché de travail. On constatera une diminution de la production, ce qui entraînera la réduction du personnel par les congés techniques ou les licenciements. Les entreprises n'embauchent de nouveaux travailleurs que si elles prévoient une augmentation de la demande de ses produits.

Les conséquences du chômage :

Le chômage est une situation socio-économique qui engendre plusieurs difficultés :

- il entraîne une perte substantielle de revenu ;
- il réduit le niveau de vie de la population ;
- il crée des crises psychologiques aux chômeurs ;
- il favorise les travers sociaux : la drogue, le banditisme, les violences, et la criminalité ;
- il augmente le coût de la sécurité sociale par le financement des allocations versées aux chômeurs ;
- il entraîne la diminution du Produit National Brut.

Les solutions pour lutter contre le chômage :

Pour lutter contre le chômage, il faut :

- renforcer et dynamiser le système éducatif, de façon générale
- valoriser l'enseignement technique et la formation professionnelle
- informer et orienter les jeunes vers les formations répondant aux besoins du marché
- multiplier les opportunités de création d'emploi
- faciliter la création d'entreprises et l'obtention des financements

Exercices de consolidation :

Sujet 1 : Le chômage des jeunes a pris une proportion inquiétante dans les pays en développement.

Selon vous quelles sont les causes et les conséquences de ce fléau ? Et que faut-il faire pour lutter contre le chômage ?

Sujet 2 : Depuis l'ouverture du guichet unique de l'agence de promotion des investissements privés (APIP) dans le but de simplifier et de faciliter la création d'entreprises en 72 h, plusieurs jeunes ont créé leurs propres entreprises. Mais la plupart d'entre elles disparaissent très rapidement, soit par faute de moyens, soit par manque d'obtention de marchés.

Selon vous, qu'est-ce qu'il faut pour que ces entreprises puissent se développer afin de réduire le chômage ?

Sujet 3 : L'objectif principal des syndicats est l'amélioration des conditions de vie des travailleurs et celles de travail.

Décrire les techniques par lesquelles les syndicats ou les corporations professionnelles font pour atteindre leurs objectifs.

Résumé :

Le chômage est la situation d'une personne sans travail, alors qu'elle est apte à travailler et a cherché activement du travail sans l'avoir. L'expression "apte à travailler" signifie que le chercheur d'emploi a une compétence professionnelle, il a la capacité physique et morale pour exercer une activité.

Il existe plusieurs types de chômage dont : le chômage frictionnel, le chômage saisonnier, le chômage conjoncturel, le chômage structurel et le chômage technologique.

REFORMULATION N° 3

Choisir la bonne réponse.

N. B. la rature est considérée comme mauvaise réponse

1. Dans le cadre de l'initiative PPTE, à quel niveau du processus, la dette des pays pauvres est annulée ?

Le point de décision ☐ Le point d'achèvement ☐

2. L'institution de la banque mondiale qui accorde des crédits aux pays qui ne peuvent pas rembourser avec les conditions du marché est :

La BIRD ☐ La SFI ☐ L'AMGI ☐ L'IDA ☐ La CIRDI ☐

3. Le chômage qui est lié à la volonté du chômeur dans le but de trouver un meilleur emploi est

Le chômage frictionnel ☐ le chômage conjoncturel ☐ le chômage technique ☐

4. La dette que la Guinée a contracté auprès de la banque mondiale est une dette :

Bilatérale ☐ multilatérale ☐

5. La faiblesse du revenu national est une cause du sous-développement

Vrai ☐ Faux ☐

6. **L'organisation qui vise à réduire le déséquilibre commercial entre les pays du nord et du sud est :** l'OMC ☐ la CNUCED ☐ le PAM ☐

7. **L'institution onusienne dont l'objectif est la surveillance des politiques commerciales des pays membre est :**
L'OMC ☐ la CNUCED ☐ le PAM ☐

8. **L'institution de la banque mondiale qui accorde des crédits aux pays capables de rembourser avec les conditions du marché est :**
La BIRD ☐ La SFI ☐ L'AMGI ☐ L'IDA ☐ La CIRDI ☐

9. **L'institution internationale dont l'objectif est la réduction de l'ampleur et de la durée des déséquilibres de la balance des pays membres est :**
La BAD ☐ Le FMI ☐ La BM ☐

10. **L'accroissement démographique est une caractéristique économique du sous-développement**
Vrai ☐ Faux ☐

11. **La forme d'intégration économique qui est caractérisée par l'abaissement des droits de douane est :**
La Zone de libre-échange ☐ la zone de préférence douanière ☐ l'union douanière ☐

12. **L'une des caractéristiques économiques du sous-développement est :**
Le Problème de l'éducation ☐ la faiblesse du transport ☐ la mal gouvernance ☐

13. **L'une des causes actuelles du sous-développement est :**
Le Problème démographique ☐ la faiblesse de l'agriculture ☐ l'instabilité politique ☐

14. **La forme d'intégration économique qui est caractérisée par la suppression des droits de douane est :**
La Zone de libre-échange ☐ la zone de préférence douanière ☐ l'union douanière ☐

15. **La cause de l'instabilité politique dans les pays sous-développés est :**
La faiblesse de la production ☐ l'exploitation financière ☐ le non-respect des lois ☐

16. **L'institution de la banque mondiale qui règle les problèmes entre l'investisseur étranger et le pays d'accueil par l'arbitrage est :**
La BIRD ☐ La SFI ☐ L'AMGI ☐ L'IDA ☐ La CIRDI ☐

17. **Le développement durable repose sur :**
La dette publique ☐ les importations ☐ la protection ☐ de l'environnement

18. À cause de la crise du Covid19, beaucoup d'entreprises ont réduit leur personnel, Paul a perdu son travail. C'est quel type de chômage ?

Saisonnier ☐ frictionnel ☐ conjoncturel ☐

19. Qu'est-ce qui différencie la coopération économique de l'intégration économique ?

Le niveau économique ☐ les frontières ☐ les langues parlées ☐

20. La mobilisation des ressources internes est une condition indispensable pour se développer.

Vrai ☐ Faux ☐

21. L'institution internationale qui finance la réalisation des infrastructures sociaux de base dans les pays membres est :

L'OMC ☐ Le FMI ☐ La BM ☐

22. L'institution de la banque mondiale qui accorde des crédits au secteur privé des pays membres est :

La BIRD ☐ La SFI ☐ L'AMGI ☐ L'IDA ☐ La CIRDI ☐

23. Parmi les affirmations suivantes, lesquelles sont des caractéristiques d'un système d'économie planifiée et d'économie libérale ? Noter dans les cases (EP) pour l'économie planifiée et (EL) pour l'économie libérale.

1. La liberté économique est compromise. ☐
2. La satisfaction des besoins individuels est la priorité ☐
3. Le droit au logement, à la santé et à l'éducation est respecté. ☐
4. Des biens qui ne sont pas économiquement rentables ne sont pas produits. ☐
5. Les incitations fiscales sont des outils de la politique publique ☐
6. Les ambitions économiques de l'État s'imposent à tout le monde ☐

24. Indiquer les causes internes du sous-développement par CI et celles externes par CE

1. L'exploitation financière ☐
2. La mal gouvernance ☐
3. La difficile alternance au pouvoir ☐
4. Inégalité dans le commerce international ☐
5. L'instabilité politique ☐
6. Le transfert de la technologie et la dépendance technique ☐

ANNEXE

LA DISSERTATION EN ÉCONOMIE

Nous remarquons que les sujets d'économie du baccalauréat sont en général des dissertations, alors il est important de comprendre les schémas de dissertation économique.

La dissertation économique est un exercice écrit, basé sur des analyses cohérentes, d'une démonstration rigoureuse et progressive soutenues par des arguments et des preuves solides. C'est une épreuve littéraire qui se doit de respecter les règles générales de toute dissertation.

Puisque la dissertation est un exercice de communication, alors elle doit avoir une certaine qualité :

- une bonne présentation ;
- des expressions précises ;
- les écritures lisibles ;
- moins de fautes d'orthographe ;
- les paragraphes bien séparés.

Le devoir de dissertation comprend trois parties : l'introduction, le développement et la conclusion.

I. L'introduction :

L'introduction est la première partie de la rédaction. Elle montre l'organisation du devoir, une mauvaise introduction compromet tout le reste.

Elle comprend trois parties.

a- Amorce ou la mise en situation :

Il est important que le début du devoir attire l'intérêt et l'attention du lecteur (correcteur). Il s'agit de mettre le sujet dans un contexte général ou particulier, économique, historique, politique, social...

Il est possible d'utiliser une citation d'un auteur adaptée au sujet.

b- La délimitation du sujet :

La délimitation du sujet est un travail d'analyse. Elle consiste à reformuler le sujet pour faciliter sa compréhension en écartant les problèmes périphériques. Attention, lorsque le sujet est mal reformulé vous risquez de traiter ce qui n'est pas demandé.

c- Annonce du plan :

Il s'agit là de formuler une bonne problématique vous permettant d'annoncer clairement le raisonnement à suivre pour résoudre le problème posé.

La problématique est l'art de poser des questions pertinentes, celles susceptibles de faire émerger des débats féconds.

II. Le développement :

C'est la partie du devoir où les idées seront étalées, les points de vue explicitement défendus, les arguments et les preuves exhibés. Pour une question d'harmonie et de cohérence, le développement du sujet doit suivre un plan.

Le plan à suivre pour traiter le devoir dépend du type de sujet. On distingue plusieurs types de plan : plan de type inventaire ; plan par opposition, plan dialectique ; plan progressif.

A- Plan du type inventaire :

Ce type de plan convient bien aux sujets proches du cours. Il permet de faire le tour d'une question, d'en explorer les principaux aspects en étant sûr de ne pas oublier des points essentiels.

Plan 1 :

a- Caractérisation du phénomène

b- Analyse des Causes

c- Analyse des conséquences

d- Solutions

Exemple : Que savez de la crise économique de 2006 en Guinée, qui avait provoqué des manifestations syndicales sans précédent, et avait conduit à l'instauration de l'état de siège.

Plan 2 :

a. Les objectifs

b. Les instruments

c. Les résultats

Exemple : Depuis l'indépendance, la Guinée entretient des relations de coopération avec la Chine, que retenez-vous de cette coopération ?

B- Plan par opposition :

C'est un plan qui oppose les démentions d'un phénomène :

Plan 1 :

a- Causes structurelles

b- Causes conjoncturelles

Exemple : Les crises économiques, politiques et sociales sont récurrentes en Guinée depuis quelques années. Selon vous quelles sont les causes de cette instabilité ?

Plan 2 :

a- Causes internes

b- Causes externes

Exemple : l'inégalité dans le commerce international entrave la mobilisation des ressources des pays sous-développés. Expliquez

Plan 3 :

a- Avantages

b- Inconvénients

Exemple : L'explosion démographique est-elle une réussite ou un frein au développement ?

C- Plan dialectique :

Ce type de plan convient bien aux questions qui renvoient explicitement ou implicitement à l'existence d'une controverse sur la caractérisation d'un phénomène économique, son interprétation ou sa portée. Il permet de peser les arguments favorables à chacune des thèses en présence.

a- Thèse

b- Antithèse

c- Synthèse

Exemple : L'intégration économique sous régionale (CDEAO), facilite le développement du commerce interrégional. En vous servant des exemples concrets de votre pays, expliquez cette situation.

D- Plan progressif :

Ce type de plan est adapté à la résolution de problèmes qui exigent une décomposition de la question en plusieurs étapes.

a. Première étape

b. Deuxième étape

c. Troisième étape

Exemple : Le sous-développement n'est pas une fatalité, en votre qualité d'économiste, montrez les processus qu'il faut pour se développer.

E- Plan interactif :

Ce sont des sujets qui expliquent l'interdépendance entre deux phénomènes

a) Analyse des liens

b) Conséquences (avantage et inconvénients)

Exemple : Montrez et expliquez les relations qui existent entre les secteurs agricoles et industriels.

Les connecteurs logiques

Le développement d'un sujet introduit plusieurs paragraphes. Pour relier les différentes idées d'un paragraphe on utilise les connecteurs logiques :

Pour Exprimer	Vous pouvez utiliser
La succession	D'abord, ensuite,… enfin
	En premier lieu ; en second lieu ; …
	D'une part ; d'autre part
La graduation	De plus ; en outre ; de surcroît ; en sus de ; puis ; également
	Non seulement ; mais encore
L'opposition	Au contraire ; en revanche ; par contre ; or ; en fait ; en réalité ; en vérité ; à l'inverse ; inversement
La restriction	Ce pendant ; néanmoins ; pourtant ; toutefois
L'alternative	Soit…soit ; ou bien… ou bien ; tantôt…tantôt ; ou… ou
La concession	S'il est vrai que… il n'en reste pas moins
	Certes… mais…
	Même si ; en dépit de ; malgré
La causalité	Car ; parce que ; en raison de ; du fait que ; puisque ; en effet…
La conséquence	Ainsi ; aussi ; c'est pourquoi ; si bien que ; dès lors ; d'où ; de ce fait ; afin de ; par conséquent…
Analogie	De même ; ainsi que ; comme ; parallèlement… ; autant… autant ; plus… plus.

III. Conclusion :

La conclusion est un exercice indispensable qui parachève logiquement une dissertation. Elle se fait sur deux points essentiels :

- La réponse finale : Apporter un jugement synthèse sur le travail effectué, c'est-à-dire donner votre solution personnelle du problème posé dans l'introduction.
- L'ouverture du sujet : Il s'agit d'élargir le sujet en dégageant les prolongements possibles.

SIGLES

ONG : organisation non gouvernementale
BM : Banque Mondiale
FMI : Fonds Monétaire International
BAD : Banque Africaine de Développement
BIRD : Banque Internationale pour la Reconstruction et le Développement
IDA : Association Internationale pour le Développement
SFI : Société Financière Internationale
AMGI : Agence Multilatérale de Garantie des Investissements
CIRDI : Centre International pour le Règlement des Différends liés à l'Investissement
PIB : Produit Intérieur Brut
PNB : Produit National Brut
RN : Revenu National
SA : Société Anonyme
SARL : Société à Responsabilité Limitée
ANIES : Agence Nationale d'Insertion Economique et sociale
CNSS : Caisse Nationale de la Sécurité Sociale
INAMO : Institut National d'Assurance Maladie Obligatoire
PRI : Pays à Revenu Intermédiaire
NPI : Nouveaux Pays Industrialisés
PMA : Pays Moins Avancés
PPTE : Pays Pauvres Très Endettés

BIBLIOGRAPHIE

1. JEAN JACQUES BALLAN, J. LBELIARD et A STERIN : Ecopanorama édition d'organisation
2. M. A. BERRADA : Les techniques de banque de crédit et de commerce extérieur au Maroc. Casablanca édition SECEA, mise à jour de l'édition 2004
3. D. CHRISTIAN Université de BOURGOGNE : Analyse Economique
4. M. FLUX et M. A. GHANNAM, Economie générale, édition AENGDE-CLET ; Mai 1988
5. Dr Ousmane Kaba ; Macroéconomie moderne, édition l'harmattan Guinée, 2007
6. GILLES JACOUD : La monnaie dans l'économie, Edition NATHAN 1994 – ISBN 209.190731.6 ; 9 rue Méchin – 75014 Paris.
7. Economie Générale en 32 questions ; les éditions d'organisation ; 1992 ; PIERRE
8. MARTIN RAMANOELINA. Premières notions des sciences économiques édition présence africaine 1963.
9. OSIWA. Guide du parlementaire pour l'Analyse du Budget octobre 2015.
10. Jean Luc CORDON/Jean Pierre RAYBAUD ; Economie d'entreprise ; éditions Nathan, 1988.
11. La Loi Organique Relative aux lois de Finances (LORF) et le Règlement sur la Gestion Budgétaire et la Comptabilité Publique ; Edition Février 2013
12. Jean ETIENNE /René REVOL ; La dissertation économique ; éditions Armand Colin, Paris 1994.
13. Campbell R. McConnell ; William Henry Pope ; Pierre-André Julien ; Pierre Lamonde ; L'économique, deuxième édition, par les éditions McGraw-Hill, 1983

TABLE

Structures éditoriales du groupe L'Harmattan

L'Harmattan Italie
Via degli Artisti, 15
10124 Torino
harmattan.italia@gmail.com

L'Harmattan Hongrie
Kossuth l. u. 14-16.
1053 Budapest
harmattan@harmattan.hu

L'Harmattan Sénégal
10 VDN SICAP AMITIE 3
BP 45034 Dakar-Fann
direction@senharmattan.com

L'Harmattan Cameroun
Tsinga/Derrière polyclinique FECAFOOT
BP 11486 Yaoundé
Jacques.koukam@harmattan.fr

L'Harmattan Burkina Faso
Villa 281, secteur 23 623, rue 14.32
Ouagadougou
zagbie@outlook.fr

L'Harmattan Guinée
Almamya, rue KA 028 OKB Agency
BP 3470 Conakry
harmattanguinee@yahoo.fr

L'Harmattan RDC
185, avenue Nyangwe
Commune de Lingwala - Kinshasa
matangilamusadila@yahoo.fr

L'Harmattan Congo
219, avenue Nelson Mandela
BP 2874 Brazzaville
deunovmikhael@gmail.com

L'Harmattan Mali
Immeuble Mgr Jean Marie Cissé
Aci Hamadallaye
BP 145 Bamako
syllaka@yahoo.fr

L'Harmattan Togo
Djidjole - Maison Amela
face EPP BATOME
02 BP 20680 Lomé
didieramela11@gmail.com

L'Harmattan Côte d'Ivoire
Résidence Karl - Cité des Arts
Abidjan-Cocody
03 BP 1588 Abidjan
harmattan.ivoire@gmail.com

L'Harmattan Bénin
Rue 604, (Immeuble à l'entrée
de la rue UCAO- Cite de Saint-Jean)
Cotonou
stepcorpus@gmail.com

Nos librairies en France

Librairie internationale
16, rue des Écoles
75005 Paris
librairie.internationale@harmattan.fr
01 40 46 79 11
www.librairieharmattan.com

Librairie des savoirs
21, rue des Écoles
75005 Paris
librairie.sh@harmattan.fr
01 46 34 13 71
www.librairieharmattansh.com

www.ingramcontent.com/pod-product-compliance
Lightning Source LLC
LaVergne TN
LVHW011019061026
849535LV00006B/1958